願いがどんどん叶う「奇跡の言霊《ことだま》」

神様とシンクロする方法

心理カウンセラー
masa

KADOKAWA

はじめに
ミラクルが〝あたりまえ〟の人生にしませんか？

こんにちは！

数ある中からこの本を手に取ってくださり、ありがとうございます。

あなたが見つけてくださったから、この出会いが生まれました。

いますでに1つ、奇跡が起こりましたね。

これも何かのご縁ですから、ぜひ、この「はじめに」だけでも最後まで読んでみてください。


さっそくですが、あなたに1つ質問があります。

「〝ミラクルばかりの幸せな人生を送りたい〟と願うことはありませんか？」

はじめに
ミラクルが“あたりまえ”の人生にしませんか？

もしすでに、あなたがいまの人生に100％満足しているのでしたら、この本はあなたの役には立たないかもしれません。

なぜかというとこの本は、知識を学ぶためや、小説のように楽しむための読み物ではなく、**〝あなたの人生をミラクルばかりが起こる幸せなものにする〟、そのためだけにつくられた本だからです。**

「ミラクルばかりの幸せな人生を送りたい！」

1度でもそのように考えたことがある方でしたら、私たちのこの出会いは、あなたの願いを叶《かな》える大きなきっかけになるでしょう。

あなたに、もう1つだけ質問です。

「あなたは自分の中に、あらゆるミラクルを呼ぶための〝ヒミツ〟が眠っていることを知っていますか……？」

〝ヒミツ〟。そう、それは、あなたの魂です。

この本を一言で説明するなら、「**あなたの魂に目覚めてもらって、ミラクルばかりの幸せな人生を手に入れる方法**」をご紹介するための本なのです。

もしもあなたがいま、「幸せになれない」ことで悩んでいるとすれば、それはおそらく、「あなたの魂が眠ってしまっている」ことが原因でしょう。

ミラクルを引き起こすためには、〝あなたの魂〟がしっかりと目覚め、神様の持つ幸運の波動とシンクロすることが重要だからです（シンクロとは、同調を意味する「シンクロナイズ」という言葉の略称です）。

人は、魂で神様とつながっています。

魂がゴキゲンであれば、魂は喜んで神様の波動とシンクロしてくれます。

しかし、私たちが成長をする中で受けるさまざまなノイズにジャマをされると、魂はフキゲンになり、神様とシンクロしてもらえなくなるのです。

ラッキーだと感じるできごとが起こったとき、胸のあたりがぽかぽかしたよい気持ちになることはありませんか……？

それは、あなたの魂が元気に神様とシンクロしている証拠です。

逆に、よいことなんて起こらないし何も感じない、心は寂しい、というとき、あなたの魂は神様とシンクロせずに、ふて寝しているのかもしれません。

こうした状態が続くと、人は魂の存在自体を忘れてしまうものです。


あなたは、魂のことを気にかけていますか？

魂が眠ってはいませんか？

……もしここで、「もしかしたら」と思ってしまったとしても、大丈夫です。

ふて寝してしまった魂に起きてもらって、また神様とシンクロさせてもらう。

その方法を伝えるために、この本を書いたのですから。


魂に起きてもらう方法はとっても簡単です。

「言霊《ことだま》を唱える」、これだけです。

言霊とは、神様の持つ幸運の波動を宿した言葉のこと。

よい波動を宿した言葉で呼びかけることで、魂が目覚めてくれる。

これが、言霊の持つ力です。

言霊の最大の特長は、〝**言葉を繰り返すだけ**〟という簡単さにあります。

いつでも、どこでも、お金を払わなくても、簡単にできてしまうのです。

そしてできない人、つまり言霊でミラクルを起こせない人は1人もいません。

じつは私も27歳までは魂の存在を忘れ、奇跡と縁遠い日々を送っていました。

けれど、言霊に出会って魂が目覚めてからは、神様とのシンクロ率もどんどんアップ！

嫌いな人がいなくなった、予期せずお金が入ってきた、体の不調が治った……などの、数え切れないほどのミラクルを経験しています。

さらに心理カウンセラーとして、直接、５０００人以上の方に言霊と魂のしくみをお伝えしてきた中で、ご本人も私も想像しなかった奇跡が、どんどん巻き起こっています。

この本では、私のこれまでの経験の中から、とくに簡単で効果が高い言霊、そして楽しみながらできる方法を厳選して書きあげました。

魂が目覚めて、神様とのシンクロ率が高まると、**「ミラクルは起きてあたりまえ」**になります。

心から願っていることがスムーズに叶い、現実になります。

不思議な、思いもよらないうれしいことが起こり、毎日が楽しくてたまらなくなります。

有り難いことが次々に起こり、感謝ばかりされる幸福で豊かな人生に変わります。

ここまでお読みいただき、ありがとうございます！

この本を1度通して読んでいただくだけでも、眠っていた魂は目覚め、シンクロ率はグンと高まります。

この本を通じて、ぜひあなたにも神様の奇跡を体験していただきたいのです。

さっそく、「ミラクルばかりの幸せな人生」を手に入れるための1歩を踏み出しませんか？

心理カウンセラーｍａｓａ

神様とシンクロする「奇跡の言霊」のしくみ

神様とシンクロするしくみを知って、
シンクロ率をどんどん高めましょう。

言霊で奇跡が起こるミラクルの循環

言霊で魂が目覚めます

神様とのシンクロ率が
アップします

神様の持つ幸運の波動を
わけてもらうことで、
願いがどんどん叶います

神様とシンクロする ためにに知っておきたい 4つの事実

神様とシンクロして、
神様の持つ“幸運を引き寄せる波動”
をわけてもらいましょう。
ミラクルを起こすために知ってもらいたい、
この世界にあるとってもシンプルな事実を
ご紹介します。

1

あなたの中に「魂」が
あること

2

魂は神様と
あなたをシンクロさせて
くれること

3

魂がフキゲンだと、
神様とシンクロ
できなくなること

4

「言霊」で
魂と対話できること

神様とのシンクロ率チェック表

　シンクロ率が異なれば、同じ言霊を同じ回数だけ唱えても、現れる効果が異なります。あなたの状態にぴったり合った言霊を知るために、神様とのシンクロ率をチェックしておきましょう！

　グループＡ～Ｃの質問に答えてください。当てはまるものにはチェックを入れ、チェックの数を数えましょう。

グループＡ

□ もう自分の人生をなかばあきらめかけている
□ 奇跡なんてほんとうに起こるのかな……と疑ってしまう
□ まわりに苦手な人がいて、ほぼ毎日ストレスを感じている
□「でも」「だって」「どうせ」がすぐに口から出てしまう
□ 買い物をしすぎたりして、支払いが苦しいことがよくある
□ 疲れやすく、体調が優れない日も多い
□ 将来が不安で、眠れないことがある
□ どうしても許せない人がいる
□ 両親やきょうだいと仲が悪い
□ 忘れたくても忘れられないつらい思い出がたくさんある

グループＡのチェック数： □

グループＢ

□ どんなことでも相談できる友人がいる

□ 今日の「楽しかった！」ことを３つ以上、すぐに言える
□ 自分の人生を「幸せだなあ」と日々思えている
□ 生まれ育った地元に愛着がある
□ 仕事や家事以外に打ち込んでいることがある
□ イヤな気持ちになっても切り替える方法を知っている
□ 噂話や悪口と距離をおいている
□ 何度か困難を乗り越えた経験がある
□ チャンスをものにしたことがある
□ 外食でも食前の「いただきます」を欠かさない

グループＢのチェック数：

グループＣ

□ 困ったときに神秘的な力が助けてくれることがある
□ 自分を育ててくれた両親にいつも感謝している
□ １日中笑っていて、顔が筋肉痛になることがある
□ １ヶ月に１回はお金を拾っている
□ 仕事が楽しくて仕方がなく、天職を全うしている
□ 10年以上パートナーや恋人と口論していない
□ 10年以上病院にかかっていない
□「おやすみ」と言って３分以内にすやすや眠れる
□ 毎日10回以上誰かに感謝を伝えている
□ 毎日４人以上から感謝される

グループＣのチェック数：

P.12 ～ 13 で出したチェック数をもとに、シンクロ率を計算しましょう！

点数の数え方

グループ A は、チェック数×マイナス１点
グループ B は、チェック数× 3 点
グループ C は、チェック数× 7 点
で計算して、合計点を出してみてください。

点数結果表

40 点以下	→	シンクロ率	30％以下	ふて寝ゾーン
41 ～ 60 点	→	シンクロ率	30 ～ 50％	目覚めゾーン
61 ～ 80 点	→	シンクロ率	50 ～ 70％	ゴキゲンゾーン
81 点以上	→	シンクロ率	70％以上	神様共鳴ゾーン

皆さまのシンクロ率は、いくつくらいでしたか？

シンクロ率が高かった方も、低かった方も、それぞれで示している章を読んでいただき、自分に合った言霊を見つけてください。

そうすれば、もっとシンクロ率は高まっていきますよ！

シンクロ率　30％以下　ふて寝ゾーン

あなたの魂は、まだふて寝している状態のようです。まずはこの本を第１章から読んで、魂をそっと揺り起こしてあげましょう。

→さあ、魂に目覚めてもらいましょう　第１章（P.39）へ

シンクロ率　30～50％　目覚めゾーン

魂と少し会話ができるようになっています。この調子です！　言霊を使って、もっと魂と仲良くなっていきましょう。

→どんどん魂と仲良くなりましょう　第２章（P.93）へ

シンクロ率　50～70％　ゴキゲンゾーン

魂もあなたのことが大好きになっています！　言霊を工夫するコツを習得して、さらに高い効果を得られるようになりましょう！

→あなただけの願いを言霊に込めましょう　第３章（P.119）へ

シンクロ率　70％以上　神様共鳴ゾーン

魂としっかりとしたパートナーシップを築けていますね。このゾーンにいるあなたは、つねにミラクルに包まれて輝いているでしょう。

→人生にもっとミラクルを引き寄せましょう　第４章（P.183）へ

Contents

序章

神様とシンクロするための基礎知識

第1章

シンクロ率30％以下⇩ふて寝ゾーン

さあ、魂に目覚めてもらいましょう

第2章 どんどん魂と仲良くなりましょう

シンクロ率30〜50%⇩目覚めゾーン

第3章

シンクロ率50～70%⇩ゴキゲンゾーン
あなただけの願いを言霊に込めましょう

編集協力：塩尻朋子
装丁・本文デザイン：白畠かおり
イラスト：くにともゆかり
DTP：エヴリ・シンク
校正：山崎春江
編集：大井智水

序章

Prologue

神様とシンクロするための基礎知識

私たちは魂で神様とつながっている

「魂」はあなたと神様をつなげる存在。

私はよくこれを、スマートフォンにたとえて説明します。

スマホも、アンテナや電波をキャッチする通信機器の状態によって、スムーズにつながったり、つながりにくくなったりしますよね。

同じように魂も、ゴキゲンだと神様とつながりやすくなり、眠っていたりフキゲンだったりすると、神様とつながりにくくなってしまうのです。

12〜15ページの、「神様とのシンクロ率チェック表」。皆さま、試してもらえたでしょうか……？

「あ！　やってない！」という方も大丈夫です！　1分ほどですぐに簡単にで

きますから、ぜひ、これからでも試してみてくださいね！

私が心理カウンセラーとして相談を受け、「幸せになるための努力をたくさんしているのに、人生が好転しない」と悩む方々の魂は、ほとんどの場合、心の片隅でスネてふて寝をしています。神様とのシンクロ率が30％以下の「ふて寝ゾーン」になってしまっているのです。

シンクロ率30％以下というのは、神様から届く幸運の波動をキャッチしにくい状態だと思ってください。魂という受信機の感度が極端に悪くなっているため、どんなに努力をしても、なかなか奇跡が起こらないのです。

たとえるなら、せっかく高性能のスマホを持っているのに、電波の届かない圏外であれこれ試しているのと同じような状態です。

これでは願いを叶えようとしても、なかなか実現しないはずです。

神様とのシンクロ率が30％から50％、そして70％と高まったところで行動すれば、同じことをしても劇的に大きな効果が現れますよ！

この本には、奇跡をスルスル起こせる人だけが知っている「コツ」を厳選して掲載しています。

人生はあなたが思っているほど長くはありません。

まずは「コツ」から試したほうが、ミラクルにぐんぐん近づくはずです！

「言霊」が神様とのシンクロ率を高めるカギ

神様とのシンクロ率の高め方は、じつはとても簡単です。

神様や魂が心地よいと感じる〝よい波動を宿す言葉〟で呼びかけるだけです。

魂に呼びかけ、魂にこちらを向いてもらい、ゴキゲンになってもらえれば、魂はあなたと神様をもっと深くシンクロさせてくれるようになります。
そして、そう！　この、**魂をゴキゲンにする〝よい波動を宿す言葉〟こそが「言霊」なのです。**

厳密には、言霊にはよい波動を宿す「よい言霊」と、悪い波動を宿す「悪い言霊」があります。この本では、神様や魂が大好きな〝よい波動を宿す言葉〟のことを「言霊」と呼んでいきますね。

日本では古来より、「言葉には不思議な力があり、口にしたとおりの結果になる」と信じられ、言霊をとても大切にしてきました。

言霊を大切にすることで、魂のことを忘れないようにもしていたのですね。

たとえば、受験のシーズンには、受験生のまわりでは「落ちる」「すべる」などの言葉を使わないように心がけますよね。

また、子どものころ転んで体のどこかをすりむいたりしたら、「痛いの、痛いの、飛んでいけ〜」と言われて、痛く感じなくなった経験がある方もいるのではないでしょうか。

言霊の持つ力は、いまでも私たちの日常の中に溶け込んでいます。

「よい波動」を持った言葉を選んで使えるようになれば、どんどんシンクロ率を高められるようになりますよ！

神様と100％シンクロするための4ステップ

私は、言霊を使うことで想像もしていなかった変化が訪れた相談者さんを、これまでに5000人以上、それも直接見てきました。

また、YouTubeやTwitterなどのSNSを通じても、15万人以上の方にこの方法を参考にしていただき、よい結果のご報告をいただいています。

たとえば……、

「3人の子どもがいるシングルマザーが、出会った翌月にプロポーズされた」

「ずっと悩まされていたうつ病から回復した」

「アルバイト生活で貯金が底をつき、支払いが遅れがちだった生活から、理想の仕事につくことができた」

「苦手な上司が異動になり、仕事が楽しくなった」

……などなど。

このほかにも、ずっとほしかった赤ちゃんを授かったなど、人生が大きく変わったという方々が、数え切れないほどいらっしゃるのです。


この本では、このような奇跡を呼ぶための言霊と方法をご紹介します。

同じ言霊を同じ回数だけ唱えていても、劇的な効果が現れる人とまったく効果が現れない人がいます。その最大の理由の1つは、神様とのシンクロ率の違いです。また、シンクロ率の違いによって、ふさわしい言霊も変わります。

ですから、あなたの状態にぴったり合う言霊を見つけやすいように、シンクロ率別の構成にしました。

この4ステップがそのまま、本書の構成になっています。

シンクロ率30％以下　第1章　さあ、魂に目覚めてもらいましょう
シンクロ率30～50％　第2章　どんどん魂と仲良くなりましょう
シンクロ率50～70％　第3章　あなただけの願いを言霊に込めましょう
シンクロ率70％以上　第4章　人生にもっとミラクルを引き寄せましょう

難しいことは何ひとつありません。

私がお伝えしたいのは、〝よい波動を宿す言葉〟＝言霊を選んで、唱えること。言霊を唱えて魂をゴキゲンにして、神様とのシンクロ率を高めること。これだけです！

難しいことを覚える必要もありません。

よく、「信じていなくてもいいの？」という質問をいただくのですが、大丈夫です。そのような不安についても、このあと第1章で詳しく説明していきますね。だから安心して、最初は試してみてほしいのです。

誰でもとっても簡単にできて、最強のミラクル効果が期待できる方法。

それが、「言霊」パワーを活用することなのですから。

「もう手遅れかも……」と思っても大丈夫！

もしかしたら、ここまで読んでいただいた方の中には、

「私は取り返しがつかないくらい、魂を無視してきたかもしれない……」

「魂を本気で怒らせてしまっているかも……」

と心配になった方も少なくないかもしれません。


大丈夫です！　これまでに手遅れになった方は1人もいません。

不安に思われた方は、私の経験を聞けば、安心してもらえるかもしれませんね。以前の私の魂がどれほどフキゲンになっていたか、お話ししましょう。

私はいまでこそ心理カウンセラーとして、多くの方の悩みを解決し人生を好転させるお手伝いをしています。

でも、20代後半までの私は人生に絶望し、「いっそのこと死んだほうがマシかも……」という気持ちで、毎日暮らしていたのです。

私が24歳のとき、母親がうつ病を患います。

母の介護のために正社員の仕事を辞めた私は、時間が自由になるコンビニのアルバイトを始めました。1年経ち、2年経つころになると、まわりの友人は社会に出て活躍しているのに、比べて、「自分は何をしているんだろう」と焦りが出てきます。

母の病気はいっこうによくなる気配が見えないどころか、病院の先生には、「一生、治らないかもしれない」と宣告されてしまいます。

そのような中、追い打ちをかけるかのように、大学時代から7年間付き合っていた彼女と別れることになりました。

立て続けに悪いことが起こる中で、「どうしてこんな人生になってしまった

のだろう……」と、ドン底まで落ち込んでしまったのです。

やり場のない気持ちのはけ口に、私は、自分のアパートとバイト先のコンビニの間にある神社に、「文句を言いに行ってやろう！」と思いつきます。

そして、それから毎日神社に行って、「バカヤロウ！」「ふざけるな！」「どうして、こんな人生なんだ！」と悪態をつきまくるようになりました。

そのようにして1年ほど神社に通っていたある日、**どうにもならない日々に行き詰まった私は、「神様がほんとうにいるなら、奇跡を起こしてみろ！」と叫んだのです。**

その数日後、**書店に行くと、1冊だけ光り輝いている本が目に入りました。**

不思議に思い手に取ると、それは斎藤一人《ひとり》さんという方の言霊の本でした。

その本には、「よい言葉を唱えていると口に出したとおりの人生になって、不平不満、グチ、泣き言、悪口、文句ばかりを言っているとそのとおりの人生になっちゃうよ」と書かれていました。

これを読んだとたん、私は、「**え、それって、私のことじゃん！**」と激しい衝撃を受けたのです。

まさに悪い言霊で、知らず知らずのうちに自分で不幸な人生を生み出していたのです。

さらによりにもよって神社で、神様に悪い言葉を投げかけていたのです……。

当時の私の魂は、そうとうフキゲンになっていただろうと思います……。

また、その本には、「〝ついてる〟〝ありがとう〟などのよい言葉を1日1000回、1000日間続けると奇跡が起こるからやってごらん」と書いてありました。私はワラにもすがる気持ちで、「毎日〝ついてる〟という言霊を1000回唱えるから、1000日間絶対にやるから、神様、どうか母の病気を治してください！」と願をかけて、言霊を唱え始めたのです。

するとなんと、**90日くらい経ったころ、「治らないかもしれない」と言われ**

ていた母が、すっかり回復します。

元気な母の姿を見ながら、私は、

「私の中にも魂は存在してくれていた！」

「言霊の力ってほんとうなんだ！」

「奇跡は起こる！」

と実感したのです。

それからの私は、手当たり次第に言霊や波動、潜在意識などの本を読み漁《あさ》り、セミナーにも積極的に参加するようになります。

そして、少しでも興味のアンテナに引っかかったら、すべて試してみて、効果を体感できるものだけを厳選して、自分なりの「言霊」の活用法を体系化しました。

それが、**この本で紹介している「魂をゴキゲンにして、神様とシンクロする方法」です。この方法にたどり着いてから、自分とお客さまの人生が驚くほど**

のミラクルに包まれる奇跡を、たくさん体験しています。

魂のゴキゲンを取り戻す瞬間はいま！

魂は、いつでもあなたの役に立ちたくてウズウズしています。

そして、あなたがほんとうに望む姿に向かえるよう、つねにベストなできごとに導いてくれようとしてくれます。

神社で悪態をついていた私のことさえ見捨てずに、言霊の本を手に取らせてくれたように。

あなたが、数多くある本の中からこの本を手に取ったのは、魂がまさにいま、目覚める瞬間だからなのでしょう。

魂があなたに、「気づいて！」というサインを送ってくれているのでしょう。

言霊の奇跡によって、人生がよい方向に変わろうとしているのは間違いありません。

「おめでとうございます！」

魂が起こしてくれたこの出会いを、大切にしていただけたらうれしいです。

まずは、本書を1回、通して読んでみましょう。

それだけでも、魂はグンとゴキゲンになってくれるでしょう。

そして、各章で紹介しているワークも行いながら、2度、3度と読み返してほしいのです。

読むたびに、シンクロ率もぐんぐん高まっていって、ミラクルが舞い込むようになっていくはずです。

パッとおさらい！　序章のまとめ

☆「**魂」は神様とあなたをつなげる存在**

・魂がゴキゲンだと神様とつながりやすく、フキゲンだとつながりにくくなる

・シンクロ率が高いほど、神様の持つミラクルを引き寄せる幸運の波動とシンクロできる

☆「**言霊」がシンクロ率を高めるカギ**

・“よい波動を宿す言葉”＝言霊で呼びかけると、魂はゴキゲンになる

☆**神様と100％シンクロするための、4ステップ**

・シンクロ率が異なると、言霊効果の現れ方も異なる

・シンクロ率別に、ふさわしい言霊をご紹介

シンクロ率　30％以下「ふて寝ゾーン」　→第1章へ
　　　　　　30〜50％「目覚めゾーン」　→第2章へ
　　　　　　50〜70％「ゴキゲンゾーン」→第3章へ
　　　　　　70％以上「神様共鳴ゾーン」→第4章へ

☆「**もう手遅れかも……」と思っても大丈夫！**

・これまでに手遅れになった人は1人もいない！

第　1　章

シンクロ率30％以下
⇒ふて寝ゾーン

さあ、魂に目覚めてもらいましょう

魂はあなたに気づいてもらうのを待っている！

先述しましたように、魂は、ほんらい100％神様のパワーとシンクロして、あなたが望むことを実現してくれる存在です。

ただ、長い間無視され続けてしまうと、「あなたのために活躍する」出番がなくて休憩をとってしまいます。


一生懸命にがんばっているのに、幸せに近づいている気がしない……。

そのように感じるときは、魂がスネてしまっていないか考えてみましょう。

「あなたをサポートしてくれる最強のパートナー」である魂が、いつもあなたのそばにいてくれている、ということに気づくことが大切です。

第1章では、魂の存在に心を向け、ゴキゲンになってもらう方法を紹介します。

とくに「神様とのシンクロ率チェック表」で、シンクロ率が30％以下の「ふて寝ゾーン」だった方は、じっくり読み進めてくださいね。

魂をイメージしてみよう

「イマイチ、魂がどのような存在なのかピンときません……」という方には、私はこんなたとえ話をします。

私の母がうつ病から回復したあと、家族で温泉旅行に行ったときの話です。

私と両親は夕ご飯を食べ終わり、部屋でくつろいでいました。

そのとき、ふと母が、「こうして旅行に連れてきてくれるのは、ほんとうに有り難いのだけど、一番うれしいのは、あなたが毎日、笑顔で楽しく生きてくれることだからね」と言ったのです。
このとき私は、感動して思わず涙ぐんでしまいました。

魂って、この母のような存在なのです。

気づけばずっとあなたのそばにいて、あなたに何かしてもらおうという期待もせず、あなたがいつも笑顔で楽しく生きられることを望んでくれています。

そして、あなたが望むことならすべて叶えてあげようと、ウズウズして待ってくれているのです。

けれど、あなたが魂の存在に気づかずに背中を向けていると、魂もどうやってあなたに手を差し伸べたらよいのか戸惑ってしまう。

それが魂なのです。

……イメージできたでしょうか？

魂の願いは、あなた自身が大切にされること

魂の姿をイメージできたところで、質問です。

魂がもっともイヤがることは、何だと思いますか……？


怒ってばかりいること？　人に意地悪をすること？　罪を犯すこと？

もちろん、これらも、魂はすごくイヤがります。

けれど、**魂がもっとも嫌うのは、あなたが自分をいじめることなのです。**


魂はあなたのことが大好きです。

魂はあなたが幸せになるように、あなたと神様をシンクロさせようといつもそばで準備をしています。

あなたに無視されたり、存在を忘れられたりしても、眠ってしまうだけ。

けっしてあなたを見捨てることはありません。

あなたの最強のパートナーなのです。

あなたのことが大好きだからこそ、魂は「あなた自身を大切にしてほしい」と願っています。ですから、あなたが人と比べて自分を卑下したり、自分のことで投げやりになったりすると、ガッカリしてしゅんとなってしまいます。

いま思えば、私も最初はシンクロ率30%以下の「ふて寝ゾーン」にいました。魂のことを無視していただけでなく、グチや不満などばかりつぶやいて、自分をいじめていたのです。

でもそこから少しずつ魂の存在を認め、ゴキゲンを取り戻してもらえました。

この章を読み、「もしかしたら私は魂のことを無視して、魂のイヤがることをしていたかも」と気づいてもらえたら、それこそがまさに魂が目覚めるための第1歩！

手遅れになることはありませんから、魂のことをよくイメージして、ゴキゲンになってもらえるよう、1つずつ試していきましょう!

その願いはほんとうに〝あなた〟のもの?

魂がふて寝している方から受ける相談の中でもっとも多いのが、「やりたいことがわかりません」「いつもモヤモヤして幸せになれないんです……」という悩みです。

このような相談を受けたとき、私はいつもこう問い返します。

「あなたはどのような願いが叶えば〝幸せ〟ですか?」

そして、具体的な願いを聞いたあとは、こう続けます。

「それは、〝あなた〟がほんとうに望んでいる願いでしょうか?」

「あなたの幸せは何?」「あなたの夢や願い、〝やりたいこと〟は何?」と聞かれても、ぱっと返答が思い浮かばない。

思い浮かんだイメージも、まわりの人や社会が「理想」として描いているものを借りてきたようで、改めて口に出してみるとあまり自分にしっくりこない。

自分が心から望んでいるものがどのような姿をしているのか、じつははっきりわからないまま、漠然と「幸せ」を望んでいた……。とくにシンクロ率が低い方でこのような状態に陥ってしまう方は、多くいらっしゃいます。

たとえば、「1億円稼ぎたい」「ハワイに移住したい」「ブランドのバッグがほしい」……といった夢を叶えようとしても、**もしそれが〝あなた〟のほんとうの願いではないのなら、魂はそっぽを向いてしまい、叶える助けをしてくれません。**

魂には、それがあなたのほんとうの願いかどうか、わかってしまうためです。

生まれたときからずっとあなたと一緒にいるのですから、当然ですよね。
魂が叶えたいのは、あなたの〝ほんとうの〟願いなのです。

じつは私も、以前「タワーマンションに住む」という願いを持っていたことがありました。成功者の多くがタワマンに住んでいたため、ステータスの象徴として、あこがれていたのかもしれません。

タワマンの画像を手帳に貼って、毎日眺めたり、友人に「タワマンに住む」と宣言したりしていました。でも、いっこうに叶う気配がなかったのです。

そのようなある日、知り合いの人が住む、レインボーブリッジが見える「まさにタワマン」に招待されて遊びに行くことになりました。手土産を片手に、実際にマンションを訪ねました。

そうしたら、驚くほどまったくワクワクしない自分がいたのです。
部屋はもちろん、窓からの景色も素晴らしかったのは言うまでもありません。
でも、**なぜか心がワクワクしなかったのです……。**
魂がそこで、「あなたの幸せはタワマンじゃないよ」と教えてくれたので

しょう。

その日、私は、手帳に貼ったタワマンの画像をはがしたのです。

「幸せになりたい」と強く願うがゆえに、一見それが叶えば幸せになれそうな目標や願いを設定して、努力する。そして、それが叶わないと、幸せになれないと思い込んでしまう……。

このようにして、「幸せになれない……」と悩んでしまうのは、とてももったいないことです。


私は、焦って目標を決めなくても、人は十分幸せになれると思っています。

ですから、どうか焦らないでください。

焦らなくても、あなたは幸せになれます。


魂の存在に気づき、魂の声に耳を傾けようとすること。

そうすれば少しずつ、あなたがほんとうに叶えたいこと、やりたいことを魂が教えてくれるはずです。

よい波動を宿す言霊の選び方

私が母親の介護に疲れ果てて人生に絶望していたとき、神社で「バカヤロウ！」「ふざけるな！」「神様がほんとうにいるなら、奇跡を起こしてみろ！」と叫んだあと、書店で斎藤一人さんの言霊の本に出会ったことは、先ほどお話ししましたね。

最初、言霊といってもどのような言葉を唱えたらよいのかわからなかったとき、私は斎藤一人さんの提唱する「天国言葉」と「地獄言葉」に、大変お世話になりました。

最初に言霊の本を手に取ったときは、まだ半信半疑でした。

でも、斎藤一人さんのプロフィールを読んだとき、実業家であり「銀座まるかん（銀座日本漢方研究所）」の創設者であることに強く興味を惹《ひ》かれたのです。

じつは私はもともと法学部出身で、新しく出会ったものには「ほんとうなのだろうか？」とワンクッションおいて、すんなりとは受け入れない性質です。

このときも心の中で、「言霊ってほんとうなのだろうか？」と疑いました。

でも、「累計納税額で日本一になるような実業家が、自分の信用を損なうような本を出すだろうか？」と考えて、書かれていることを実践してみることにしたのです。

斎藤一人さんは、**唱えるだけで幸せになれる言葉を「天国言葉」と呼んでいます。**天国言葉として、たとえば「愛しています」「ついてる」「ありがとう」などの8つの言葉を紹介しています。

反対に、**言ってはいけない言葉を「地獄言葉」と呼んでいます。**これには「ついてない」「不平不満」「ゆるせない」などの言葉があります。

よい言葉にも悪い言葉にもパワーが宿っているので、魂や人生に大きな影響

を及ぼす言霊になるというのです。

言霊選びの参考になりますので、興味のある方はぜひ調べてみてくださいね。

ここでは私の経験から見つけた、「よい言霊」「悪い言霊」の選び方をご紹介します。**時代によって言葉の持つニュアンスは変わっていきますし、その人にぴったり合う言霊は、人それぞれ異なります。**ですから、そのとき、その人それぞれに合った言霊を見つけることで、言霊の効果が高まる方法にしています。

私の提唱するよい言霊、悪い言霊の見つけ方は簡単です。

口にしてみて、「よい音だな」と感じるかどうか、気持ちが明るくなるかどうかをみてみるのです。

よい言霊は神様が持つ波動と同じ〝幸運の波動〟を宿しています。ですから**魂に聞いてみて、魂に喜んでもらえれば、それがよい言霊なのです。**

逆に、悪い言霊を見つけるときも、口にしてみて、違和感を抱いたり、後味の悪さを感じたりしないかを意識してみてみましょう。

たとえば、「よいことしか起こらない」「がんばらなくても大丈夫」「望む以上の人生になっていく」などの言葉をつぶやいて、前向きな気持ちになれるのであれば、それはあなたにとってよい言霊でしょう。

「ワクワク」「るんるん」などの、楽しい心の状態を表す言葉や、「ハッピー」「ラッキー」などの外来語でも、あなたがそれを聞いてポジティブになれるなら、それもよい言霊でしょう。

また、相手を祝福する「おめでとう」や、仲間をねぎらう「お疲れさま！」なども、口にした人とそれを聞いた人を明るくする、よい言霊でしょう。

魂が眠っている、フキゲンになっている、という方は、悪い言霊をよく口にしてしまっていないかを振り返ってみてください。

そしてもし、「悪い言霊が口ぐせになってしまっているかも」という方は、

悪い言霊を使うのをやめるように意識して、よい言霊を使うようにしましょう。

ここで1つ、言霊を使うときの大切なコツをご紹介します。

それは、何かよいことが起こってから言霊を口にするのではなく、起こる前から言霊を唱えることです。

じつは、言霊のすごいところは、「**言霊が先にあって、奇跡が言霊に呼ばれてあとからやってくる**」という点です。「うれしい」「楽しい」などの言霊を先に言うから、言葉どおりのうれしい、楽しい、と言いたくなるようなことが引き寄せられてくるのですね。

脳科学的な見地からみても、言霊を先に言うと、その言葉どおりの状況にしようと脳が働くことがわかっています。このあとでもお話をしますが、**脳は、意識したものを見つけようと働くからです。**

たとえよいことがなくても「うれしい」「楽しい」と言っていると、脳が、うれしくなる、楽しくなることを見つけようとするのです。ですから、たくさんよい言霊を唱えていると、その分たくさんよいことが起こるのです。

それに、**よい言霊はその音自体に、魂が大好きな〝幸運の波動〟を宿しています。**

言霊をたくさん唱えるとよいできごとが起こり、しかも魂も喜んでくれる。

まさに、一石二鳥ですね。

Work ①　「O《オー》-リングテスト」でよい言霊がわかる!

ではここで、言霊のパワーを実感するためのワークをやってみましょう!

自分の体に薬剤などが合っているかどうかを判断するための技術の1つに、「O-リング(O-Ring)テスト」というものがあります。

O-リングテストは、人間の体はそもそも極めて敏感なセンサーであり、体に合わない薬剤などを近づけたり、手のひらに乗せたりすると、筋肉の緊張が低下するという原理にもとづいて生み出されたテストです。

やり方はとても簡単です。

まず、あなたが片手の親指とほかの指を使って輪っかをつくります。

そして家族や友人など、ほかの人に指の輪っかを開いてもらってください。あなたは輪っかをつくる指に力を込め、開こうとする力にできるだけ抵抗します。

このとき、最初は「ありがとう」などのよい言霊を唱え、2回目は「疲れた」などの悪い言霊をつぶやきながら行ってみてください。

そして、1回目と2回目の輪っかの開きやすさを比べてみましょう。

……よい言霊を唱えているときのほうが、輪っかがしっかりとして、開きにくくはありま

せんか？

O-リングテストは、世界40ヶ国以上で、研究されたり臨床の現場で活用されたりしている技術で、自分の体に合う水の種類や食べ物などを判別するときの基準としても使うことができるものです。

よい言霊や悪い言霊のパワーをみてみるためだけでなく、楽しみながらいろいろ試してみてくださいね。

魂をゴキゲンにする言霊のしくみ

「言霊はどうやって、魂をゴキゲンにしてくれるのですか？」

このような質問をよくいただきます。

魂がフキゲンな状態を、私はよくコップに入った泥水にたとえます。

私たちが生まれたばかりのときは、魂はマックスにゴキゲンで、神様と100%シンクロしています。まるで、透き通ったミネラルウォーターがコップに入っているような状態です。

ところが成長する中で、自分を疑ったり否定したり、また、世間の常識に合わせて自分を大切にしなかったりすると、コップに入った水は淀《よど》んできます。

さらに、不平不満、グチや文句などの悪い言葉を口にすることが増えると、コップの水（魂）は、どんどん濁って泥水のようになってしまうのです。

これでは、魂はノイズばかりになって、神様の幸運の波動とシンクロするという役目を果たせなくなってしまいます。

言霊とは、この濁ったコップの水に、ポタポタときれいな水を注ぎ込む働きをして、魂を幸運の波動で満たしてくれるものなのです。

たとえどんなに水が濁っていても、言霊の、きれいな水を少しずつ注いであげれば、泥水はあふれて流れ出ていきます。

そして、きれいな水をポタポタとたらすのをやめなければ、最終的にはコップの中の水はクリーンな状態に戻るのです。

よい言葉の持つパワーを実際に証明した実験があります。

代替医療学博士であり、世界45ヶ国で著書が300万部以上発行されている江《え》本《もと》勝《まさる》氏は、「ありがとう」「愛」などのポジティブな言葉と、「バカヤロウ」「戦争」などのネガティブな言葉を聞かせたりした水の結晶の写真を撮る実験を行いました。

その実験によると、よい言葉をかけた水はきれいな6角形の結晶を結び、悪い言葉をかけた水は結晶をつくらなかったことがわかったのです。

この実験結果は、世界中で話題となり、賛否両論を巻き起こしました。さまざまな意見がある中で、私はこの実験結果は、よい言葉、つまり言霊にはそれほどのパワーがある証拠だと考えています。

言葉は音の組み合わせでつくられており、音とは波動であり、力です。私たちのもっとも身近にあり、最強の力を発揮するのが言葉であり言霊なのです。

心を込めなくても効果のある言霊

私は「ありがとう」を、世界でイチバン、美しい響きを持っている言葉だと

思っています。

そもそも「ありがとう」は、「有り難う」という漢字を書きます。

そのままでは現実にはならなかった、有り得にくかった難しいできごとが、有り得るようになった、起こった、そのような変化に感謝する言葉です。

「あなたがいなければ、起こらなかったできごとだよ」「あなたのおかげで起こった奇跡だよ」という感謝を相手に伝える言葉が「ありがとう」なのです。

「ありがとう」の言葉は、昔からたくさんの人々に使われてきたことで、想像を超えるほど大量のポジティブなエネルギーが積み重ねられている言葉です。

「ありがとう」が奇跡と感謝を表しているということを、私たちのＤＮＡが知っています。

ですから、「ありがとう」は、あなたの魂を目覚めさせ、神様とシンクロしやすくなるよう、導いてくれる最強の言葉なのです。

室町時代以前には、「ありがとう」は神様や仏様からめったに得られない恩恵を受けたときにだけ、使われる言葉でした。このことから、「ありがとう」

が持つ感謝の波動は、神様の持つ波動ととてもよく響き合うともいわれています。

さらにいままでも「ありがとう」は、言う人も、言われた人も幸せにする最強の言葉です。ですから、**言霊の効果を体感するためには、まずは「ありがとう」を唱えることから始めてみるとよいでしょう。**

悩み相談を受けていると、「〝ありがとう〟に、あまり心が込められないのですが、それでも大丈夫でしょうか」と聞かれることがあります。

心を込めなくても、大丈夫です。

「ほんとうに効果があるのかな？」と疑いながらでも問題ありません。

さらには、「これで、何かよいことが起こるかな？」という下心を持ちながら唱えても構わないのです。

なぜなら先述したように、**「ありがとう」は、感謝のエネルギーがギュッと凝縮されている、とてつもなく強力なパワーを持った言葉だからです。**過去より、たくさんの人が積み重ねてきたパワーをお借りすることができるのです。

それでもまだ信じられない方は、O-リングテストをするときに「ありがとう」を心を込めずに試してみてください。

たとえ心を込めずとも、輪っかが開きにくいことを実感できるはずです。

もちろん、心を込めて「ありがとう」と繰り返せばさらによいのは間違いありません。

でも、あれこれ心配して試さないことよりも、実際に行動してみることのほうがずっとずっと大切なのです。

Work② 目覚めの「ありがとう」1000回ワーク

ではここで、実際に「ありがとう」を唱えるワークを行ってみましょう。

朝、ベッドで目覚めたときに、「ありがとう、ありがとう、ありがとう……」と、1000回つぶやいてみてください。

「えっ、1000回⁉ そんなにたくさん⁉」と、ビックリした方もいらっしゃるかもしれませんね。

でも、**1000回言うのは、そんなに大変ではないのですよ！ 早い方だと8分くらい、ゆっくり唱えても12〜13分くらいで言えてしまうのです。**

想像するよりも、ずっと簡単にできますよ。

私は毎朝、ベッドの中で「ありがとう」を1000回唱えるのを習慣にしていますが、時間にするとおよそ10分くらいです。

もちろん、「朝はバタバタしていて、そんな時間がない……」という方は、1日のうちで数回にわけても大丈夫です。

歯磨きをしながら100回、駅に向かう道を歩きながら500回、信号待ちで200回、お風呂に入りながら200回などでもよいでしょう。

それでも忙しくてなかなか時間が取れないときは、100回でも200回でも大丈夫です。もっと少なくて、5回でも10回でもよいのです。

思い出したら、「ありがとう」と繰り返してみてください。

まずは、「やってみよう！」という前向きな気持ちになること。そして実際に唱えてみることが、あなたの人生に変化を起こす小さなタネとなりますよ。

違和感を抱かないための言霊の選び方

感謝の言葉は、先にもお話ししたように、最強の言霊です。

とくに、「ありがとう」の言葉は大昔から続くパワーをお借りすることができるので、とても力のある言葉だとお話ししました。

ただ、どうしても「ありがとう」「有り難い」「感謝します」などの言葉がピンとこないという方もいらっしゃいます。

つらい状況にあり、何にも感謝できない。
有り難いことがないのに唱えても「どうせ、言葉だけ」だと思ってしまう。
心を込めなくてよいことも知っているけれど、それでも違和感がある……。

そのようなときは、「きっとよくなる」「なんとかなるから大丈夫」「私はよくがんばっている」など、違和感を抱かない言葉に変えても大丈夫です。

私の場合、最初に出会った斎藤一人さんの本に、「〝ついてる〟の言霊を、1日1000回、1000日間、修行だと思って唱えてごらん」と書かれていたのと、「ついてる」という言葉が好きなので、最初は「ありがとう」ではなく、「ついてる」を1000回繰り返しました。

「ついてる」「ハッピー」「最高です」などでも、ピンとくる言葉であれば、それを唱えてみてくださいね。

また、ときどき、「〝ありがとう〟ではなく、〝おおきに〟などの方言にしても大丈夫でしょうか？」と聞かれることがあります。

もちろん、普段からお使いの、口になじみやすい言葉に変えて大丈夫です！

英語圏にお住まいの方でしたら「Thank you!」でもよいでしょう。

また、「ありがとう」ではなく「ありがとうございます」「ありがとお♪」「ありがたし」などのように、「ありがとう」をアレンジしていただいても構いません。

先ほど紹介をした「目覚めの『ありがとう』1000回ワーク」は、あくまでも、日々の生活の中でよい言霊を使う機会を増やすと、どのような変化が起こるかを体感してもらうためのものです。

大切なポイントは、「ちょっと違うな？」と思ったら、よりしっくりくる言葉に変えてみることです。

違和感を抱きながら言霊を唱えても、効果を実感しにくく、長続きしなくなってしまいます。せっかく行うのであれば、しっくりくる言葉を見つけて、その言葉を唱えましょう。

たくさん唱えるほど、その言霊が現実になる

「1000回はハードルが高い……」

と言う方に、私はよくこんなことを試してもらいます。

「いま、まわりにある〝赤いもの〟を探してください」

このように尋ねると、皆さま「赤ペン」や「赤いふたのビン」など、目についたものを答えてくださいます。

意識を向ける前には目に入らなかったものが、見つかるようになっていませんか……？

この実験は、「赤」でなくても「青」でも「黄色」でもよいのです。

私たちの脳は、目に入るたくさんのものの中から、意識を向けたものを見つけるように働くというしくみがあります。

このしくみがあるため、「ありがとう」と繰り返せば繰り返すほど、脳は「ありがとう」と言いたくなるような現象を見つけ出し、引き起こしてくれるのです。

1日に100回「ありがとう」と言えば100の「ありがとう」が見つかり、1000回言えば1000の「ありがとう」が見つかる。

そう考えると、10回よりは100回、そして1000回繰り返したいなと思ってきませんか……？

Work③　効果を実感する「言霊100日シート」

「回数を決めると窮屈に感じたり、難しく感じたりしてしまう……」という方もいます。

その場合は、**回数以外のルールを決めて、回数にこだわらない方法を試してみても大丈夫です。**たとえば、時間を決めて、「3分間言ってみる」「料理をしている間だけ言ってみる」などもオススメです。

ただ私は、本気で人生を変えたいと願うなら、まずは「ありがとう」を1日1000回、3ヶ月（約100日）続けてみてほしいと考えています。

私自身、言霊を唱え始めて約100日経つころに、母親がうつ病から奇跡の回復を果たした経験があります。

ほかの人の話を聞いてみても、1日1000回、3ヶ月が、魂の状態を大きく変化させる目安になると感じています。

つまり、願いどおりの人生を送る基礎体力が固まってくる目安が、「1日1000回×3ヶ月」だと考えているのです。

私は1日1000回を100日実行する、「言霊100日シート」をつくって活用しています。

次のページに載せているチェックシートを使っていただいても、ご自分でノートに線を引いてつくっても構いません。

ぜひ、毎日チェックをして、100日を達成してみてください。

Work③ 言霊100日シート

言霊を唱えた日付を1マスずつ書き入れて、
100日達成を目指しましょう！

1	2	3	4	5	6	7	8	9	10
11	12	13	14	15	16	17	18	19	20
21	22	23	24	25	26	27	28	29	30
31	32	33	34	35	36	37	38	39	40
41	42	43	44	45	46	47	48	49	50
51	52	53	54	55	56	57	58	59	60
61	62	63	64	65	66	67	68	69	70
71	72	73	74	75	76	77	78	79	80
81	82	83	84	85	86	87	88	99	90
91	92	93	94	95	96	97	98	99	100

「起床時」と「寝る前」はゴールデンタイム

言霊の実践を負担に感じさせないための、とっておきの方法があります。

それは、「歯を磨く」「お風呂に入る」などの毎日行うルーティンと同じように、**時間と場所を決めて、唱える行為を日常生活に組み込んでしまうことです。**

たとえば私は、

・朝、目覚めたらベッドの中で「ありがとう」を1000回言う
・車で移動するときは、目的地に着くまで「ありがとう」「ついてる」を唱える
・お風呂に入っている間、幸せな未来を想像し「幸せだな」「豊かだな」とつぶやく

など、言霊を唱えるタイミングを決めています。

毎日通勤している人であれば、「駅まで歩く間の5分間は唱えよう」などと決めると、やりやすいかもしれませんね。

また、家にいることが多い人でも、「アイロンをかけるときにつぶやく」「料理をするときは言霊タイム！」などと決めてみるとよいでしょう。

「自分のラッキーナンバーの333回までは唱えてみる」などと**マイルールを決めるのも、楽しみながらできるコツの1つ**です。

ゲーム感覚のマイルールでいうと、私は、駅のホームで電車の到着を待っているときや、赤信号が青に変わる間なども、「よし、この間に何回〝ありがとう〟と言えるかな！」と楽しんで言霊をつぶやいています。すると、待ち時間のストレスも解消し、一石二鳥です。

「ありがとう」などと書いた付箋《ふせん》を、玄関やトイレ、車のサンバイザーに貼っておき、目についたら唱えるようにしているという声もよく聞きます。

これも、忘れないようにするよいアイデアですね。

「言霊を唱えるのに最適な時間帯はありますか？」

という質問も、よく受ける質問です。

言霊効果を高めるための最適なタイミングはベッドの中で目覚めたばかりのときと、眠りに落ちる前です。なぜなら、よけいな思考がストップし、言葉が直接、魂に届く「ゴールデンタイム」だからです。

ですから可能であれば、朝目覚めたときに、10回でもよいから、「ありがとう」と唱えてみてほしいなと思います。

あるとき私は、「よく悪夢にうなされるんです」という相談を受けました。

よくよく話を聞いてみると、相談者さんは毎晩子どもを寝かしつけたあとに、ホラー小説を読むのが趣味だったのです。

私は魂のゴールデンタイムについて伝え、できればホラー小説を読むのは昼間にして、眠りにつく前は気持ちが明るくなるようなストーリーの本に変えたり、リラックスできる音楽を聴いたりするように提案しました。

すると、その方はわずか数日で、悪夢から解放されたのです。

ゴールデンタイムは、これほど強力なのです。

いつ始めても人生はガラリと変えられる

少しずつでも、よい言霊をポタポタと魂に注ぎ込むと、魂のコンディションが整ってきます。

私がそのような話をすると、「でも、私はもう40年近く、ずっと〝悪い言霊〟ばかり言っていました……」「いまさら、取り戻せるのでしょうか？」と心配される方が少なくありません。

不安に思う方へ私がお伝えするのが、**たとえば40年間悪い言霊を使ってきた**

からといって、よい言霊で魂を目覚めさせるのに、同じ40年の時間がかかるわけではないということです。

私の実際の経験から、よい言霊を使い始めるとどのような変化がどのくらいで起こるのか、お話ししましょう。

私は、言霊に目覚める27歳まではネガティブ思考の持ち主で、毎日のように自分を責めたり否定したりしながら、不満や文句を抱えて生きていました。

27年間、悪い言霊ばかりを口ぐせにしていたのです。

ところが、「**1日1000回〝ついてる〟を言う！**」と決めてから1ヶ月ほ**ど経つと、少しずつ変化が起こり始めます。**

ある日、当時コンビニでアルバイトをしていた私に、それまで口もきいたことがなかった常連のおじさんが、「あなた、最近、笑顔がよくなってきたね！」といきなり声をかけてきたのです。

また、図書館に行ったら、借りたかった本が「本日、返却された本」のコーナーにちょうど置いてあったこともありました。

「夜ご飯は、カレーにしようかな？」と思ってスーパーに行ったら、「本日、カレーの特売日」で、必要な野菜とカレールーが安くなっていた！　ということもあります。

さらに、コンビニのオーナーさんから、「いつもがんばって働いてくれているから、これでコーヒーでも買って」と、500円分の商品券をいただいたときには、「こんなに〝ついてる〟ことが続くのは、言霊効果にちがいない」と確信しました。

そして、「〝ついてる〟を1日1000回」唱え始めてから90日後には、「治らないかもしれない」と言われていた母のうつ病が、奇跡的に回復したのです。

同じようなことは誰にでも起こりえます。

やるべきことは、あなたを見守る魂の存在に気づき、言霊でそっと目覚めさせてあげること。

いま、何歳であるかは関係ありません。88歳でも、「人生を変える！」と言って、言霊に毎日取り組んでいらっしゃる方もいます。

だからまずは、試していただきたいなと思うのです。

「三日坊主」は
とってもポジティブ

「よし！　〝ありがとう〟を唱えるぞ」

と決めたはよいけれど、三日坊主で終わってしまい、「自分は、なんてダメ人間なんだろう」と落ち込んでいる……という相談を受けることがあります。

そのようなときに私がお伝えするのが、「〝三日坊主〟はとってもポジティブ！」ということです。

「三日坊主」というのは、新しいことにチャレンジして3日も続けた、と考え

てみてほしいのです。

私は、ものごとを実行するプロセスが、1から100まであるとしたら、まったく経験のない「0」から「1」に進むのがイチバン、エネルギーが必要だと考えています。

「よいことを聞いた」と思っても、なかなか行動に移せない人が多い中で、「それでもやってみた」ということだけでも、自分をほめてあげてよいのです。

たとえ三日坊主だったとしても、まだ「0」の状態にいる人よりも、ずっと幸せに近づいているのですから。

そして、せっかく「0」→「1」を乗り越えたのですから、たとえ休んでしまったとしても、またもう1度、始めていきましょう。2、3、4と積み重ねていけば、着実に魂は目覚めて、ゴキゲンになっていきますよ。

ここが知りたい！　言霊Q＆A

言霊を始める前、またはスタートしたばかりで、「ほんとうにこれでいいの？」「これでは効果が出ないのでは？」と迷っている方は少なくありません。
ここでは、相談者さんから寄せられた言霊に関するギモンに、いっきにお答えしていきますね！

Q1　心の中や、早口で唱えたりしてもよい？

言霊は、声に出しても出さなくても、効果があります！

「声に出せないから……」と何もしないより、心の中だけでも繰り返しましょう。どちらも同じ数として数えて、問題ありません。もし心配でしたら、先ほどご紹介した「O‐リングテスト」を試してみてください。

ただ、**まわりに人がいない家の中や車の中などであれば、小声でもよいので口に出すことをオススメします。**

なぜなら、**声に出すことで言霊のエネルギーが高まるからです。**

それに、**自分の声を耳からも聞いてインプットすることで、言霊が魂により効果的に届く可能性がアップします。**

声の大きい、小さいは関係ありません。

相談者さんの中には、言霊を唱えている自分の声を録音し、移動中に聞いたり、一緒につぶやいたりしているという方もいらっしゃいます。

これもとてもよいアイデアですね。

また、**「音声を聞くだけでも効果はありますか？」**という質問もよくいただきます。

もちろん、よい言霊を耳にするのは、ネガティブなニュースを聞いたりするよりも、ずっとずっと魂の栄養になります。

ひたすら音声を聞き流す、のもオススメです。
でも、もし言霊を唱えられる状況にあるときは、音声を聞きながら一緒に唱えてみましょう。

また、ときどき「**早口で唱えても大丈夫？**」という相談を受けます。
回数を気にして、何を言っているのかわからないくらい、あまりに早口で唱えるのはよくないと私は考えます。言霊を唱えるスピードについては、私のYouTube動画、「ありがとうの言霊×１０００回」などを参考にしてみてください。

コロナ禍の最近はマスクをする機会が増えたので、マスクの中でつぶやくと、まわりに気づかれにくくなり、少し唱えやすくなったという話を聞きました。

相談者さんの中には、ラップなどの好みのリズムにのせて、自作の言霊ソングを楽しみながら歌っている方もいらっしゃいます。車の中で、嵐の『きっと大丈夫』をよく歌うというのも、言霊の上手なアレンジ法です。

「これじゃなきゃダメ！」と決めつけずに、ご自身の状況や、まわりの環境に応じてアレンジして言霊を楽しみましょう。

Q2 「効果あるのかな？」と疑っていたらダメ？

人間の潜在能力や心のしくみについて長年研究を続け、たくさんの著作がある小林正観《せいかん》さんは、「**心の中で何を考えていたとしても、口に出した言葉のほうが強い**」とおっしゃっています。

小林正観さんは、この状況をこんな例をあげて説明しています。

もしあなたが、「コーヒーを飲むぞ」と思いながら喫茶店に行ったとしても、「紅茶をください」と口に出せば紅茶が出てくるでしょう。

つまり、心の中で、「ほんとうに効果あるのかな？」と思っていたとしても、口に出して行動に移した言葉のほうがパワーを持つということです。

また、脳は、意識したものを見つけようと働く、と先ほどお話ししました。

心の中の思いと行動が異なる場合、優先順位が高いのは、行動です。

口に出す、もしくは心の中で唱える、という行動をとったら、脳はその言葉どおりの現実にしようと働いてくれるのです。

さらに、言霊には、幸運の波動が宿っています。

魂は幸運の波動が大好きですから、心の中でモヤッとした疑いがあったとしても、よい波動のよい言霊を聞くと、魂は喜んで受け入れてくれます。

私は、言霊効果を疑っていたり、半信半疑だったりする方にも、**「何を思ってもよいから、とにかくやってみましょう」**と提案しています。

とくに、神様とのシンクロ率が30％以下の「ふて寝ゾーン」だった方は、まずは、10回でも20回でもよいから、試してみていただきたいのです。

言霊のパワーが魂を揺り起こしてくれるはずだからです。

Q3 効果を出すために必要な回数はある？

今日、いくらたくさん腹筋運動をしたからといって、翌日バキバキの「シックスパック」になっていることはありませんよね。

言霊も筋トレと同じです。**私は、言霊を「心の筋トレ」と呼んでいます。**

残念ながら、**「今日、1000回つぶやいた」から、翌日に劇的な変化がある……というわけではないのです。**

でも、筋力トレーニングを続けることで着実に体は変わっていきます。

同じように言霊も、積み重ねる中でじわじわと魂や人生に変化が訪れます。

私の場合は、1ヶ月くらいから小さな「ついてる」できごとが起こり始め、3ヶ月経つころには、母のうつ病がすっかり回復したことはお話ししましたね。

実際の体験と、多くの人の変化を見守ってきた経験からすると、時期にすると、だいたい3ヶ月程度で「これから、人生がよくなっていきそう」という変化を感じる方が多いようです。

回数については、少ないよりは多いにこしたことはありません。

コップに入った泥水は、水滴をポタポタとたらすよりも、水をジャーッといっきに注ぎ込んだほうが早く入れ替わりますよね。

「人生を早く変えたい」と思う方は、最初の3ヶ月だけでも言霊をたくさん唱えて、魂にゴキゲンになってもらいましょう。

Q4 悪口のような悪い言霊を言うとどうなるの？

たった1回でも誰かの悪口を言うと、それまでに唱えてきた言霊のポジティブな効果がすべて打ち消されてしまい、「はい、ゼロからまたやり直し」になってしまうのではないか……という不安を抱える人がいます。

「せっかく、1日1000回、〝ありがとう〟を唱えていたのに、さっき子どもを怒鳴ってしまいました。これでいままでの言霊効果はゼロになるのでしょうか？」といった相談を、じつはとても多く受けるのです。

結論から言いますと、**イライラしてネガティブな言葉を言ってしまっても、言霊効果がリセットされることはありません。**

「せっかく〝+100〟になったのに、いまのグチで〝0〟に逆戻り」というような、極端なことは起こらないということです。「あ～、もうダメだ……」と悲観的になって、「結局、私にはムリ」と、途中でやめてしまうのは非常にもったいないことです。

次のように考えるとわかりやすいかもしれませんね。

これまで言霊を続けてきて「+100」の状態になっているとします。ネガティブな言葉を言うと、「−1」で、言霊効果は「+99」になります。それでもまたよい言霊を重ねていけば、「+150」や「+200」になっていくでしょう。

その途中で、「−1」や「−2」が何回かあったとしても、気を取り直してまたよい言霊を続けて、「+」を増やしていけばよいのです。

また、同じリセットにまつわる誤解でいうと、「**1つ願いが叶ったら、言霊のカウントもまた振り出しに戻ってゼロからやり直しですか？**」というものもあります。

こちらも安心してください！

言霊効果はどんどん蓄積されますから、願いが叶うたびにリセットされることはありません。

私はよく、「ｍａｓａさんでも、不平不満とか言ったりするのですか？」と聞かれますが、私だって人間です。

イラッとしたり、グチを言ったりすることも当然、あります。

でも、**たとえ少しマイナスになったとしても、また積み重ねればよいとわかっているので、すぐにネガティブな気持ちを切り替えることができるのです。**

言霊は、完璧にこなそうとする必要はありません。

いまある状況に、プラスの言霊を少しずつ追加していくだけでよいのです。

Q5 「ながら唱え」はＯＫ？

私は、言霊を「義務感」でこなすくらいなら、楽しみながら生活に取り入れてほしいと思っています。

なぜなら、そのほうが続けやすいからです。

たとえば、お母さんがお料理をしながら鼻歌まじりに、「ありがとう、ありがとう、お野菜ちゃん、ありがとう♪」と言っていて、その方の子どもも、そのまわりでダンスをしながら、「ありがとう！」と言っているとしたら、とても幸せな気持ちになりますよね。

先にもお話ししたように、信号待ちでイライラするくらいなら、「よし、この間に〝ありがとう〟と何回言えるかな？」とゲーム感覚で楽しめば、言霊を唱えることが苦でなくなるでしょう。

ただし、**こうしたやり方はあくまでも続けるための工夫の1つです。**

もし、あなたがまだ言霊を始めたばかりで、「ながら」で唱えることで回数が曖昧になってしまったり、意識が中途半端になったりするのであれば、「これは中上級者のテクニック」だととらえて、最初のころは避けたほうがよいかもしれません。

最初の3ヶ月は、毎日唱えた数を記録したり、1000回を何分で言えるか計ってみたりと、やっていることを可視化するほうが効果は出やすいからです。

たとえば、「ダイエットしよう」と思ったときに、まず体重を計り、何を食べてどのくらい運動をすれば変化するのかの記録を取ると、やるべきことがわかってヤセやすいですよね。

同じように言霊も、どのような状況だと唱えやすいのか、また、どのくらいの時間で何回唱えられるのかが把握できると、習慣づけがしやすくなりますよ。

Q6 言霊以外にも併せて行ったほうがよいことはある？

じつは、神様とのシンクロ率が高まるうちに、窓を開けて空気を入れ替えたくなったり、掃除がしたくなったり……自然とそういう気持ちになることがあります。

どうしてそうなるのか、例をあげて説明しましょう。

あなたが魂の存在に気づき、魂をゴキゲンにする言葉をよく使うようになると、魂とあなたはお互いに相手を思いやれる、「相思相愛の関係」になります。

もしあなたが、パートナーや結婚相手のことが大好きだったら、自然と相手が喜ぶことをしたくなり、イヤがることをしなくなりますよね。

魂との関係でも同じです。


魂はそもそもきれい好きです。

たとえば、神社がそうであるように、清浄な整った空間には、よい波動が宿るからです。

だから魂と仲良くなっていくと、あなたは自然と、魂を喜ばせようと部屋を片づけたり、部屋の空気をきれいに保つようになっていきます。

ですから、言霊以外にムリをして、何かを新しく始める必要はありません。

あなたが魂と仲良くなれば、自然と実践したくなることが出てくるからです。

パッとおさらい！　第１章のまとめ

魂をイメージしてみよう

・魂はあなたのそばで、あなたの幸せを願ってくれる存在

・魂が一番イヤなのは、あなたが自分で自分をいじめること

よい言霊の選び方

・口にしてみたときに、「よい音」と感じるかどうかが判定のカギ

・言霊の効果をみたいときは、「O−リングテスト」

「ありがとう」は最強の言霊

・室町時代以前から使われている感謝の言葉

・たくさんの人の感謝のパワーがぎゅっと凝縮されている

まずは唱えてみよう！

・オススメの時間は、目覚めた時と寝る前の「ゴールデンタイム」

・心に違和感を抱いたら、言霊を変えよう

・基礎体力がつく目安は「１日 1000 回× 3ヶ月」

第　2　章

シンクロ率 30〜50％
⇒目覚めゾーン

どんどん
魂と
仲良くなりましょう

緊張をほぐして
魂と打ち解け合う

ずっと座りっぱなしでいたり、同じ姿勢でいたりすると、筋肉がこわばってきますよね。それと同じように、**長い間ふて寝していて起きたばかりの魂や、フキゲンな状態から回復したての魂は、まだあなたとの向き合い方に慣れていないので、どこか緊張してぎこちないところがあります。**

そのようなときは、こわばってしまった魂を言霊でマッサージして、優しくほぐしてあげましょう。**魂の緊張をといてあげれば、言霊ももっと響きやすく、効果がどんどん出てくるようになりますよ！**

第２章では、そのような、魂と相思相愛の関係を築くための方法を紹介していきます。

「神様とのシンクロ率チェック表」で、シンクロ率が30〜50%の「目覚めゾーン」だった方は、第2章を実践してみてくださいね。

また、シンクロ率が30%以下の「ふて寝ゾーン」だった方は、第1章に引き続き、第2章のワークも楽しみながら行っていきましょう。

「もっとがんばらないと！」と、ガチガチに力が入ってしまったら、魂のこわばりもほどけにくくなってしまいます。

これからよい関係を築こうとするとき、相手の言動に余裕があれば、こちらもホッとしてリラックスできますよね。**楽しい気持ちで実践していただくことで、魂の緊張もほぐれやすくなるのです。**

私は、たくさんの相談者さんを見ていると「まだまだ自分なんて……」など と自分に厳しく接して、あえてつらい道を選ぶ方も多いなと感じます。

「何事も楽しむ」は、私のモットーでもあります。

「自分に厳しい」ことが必要な場面もあるかもしれません。でも、**楽しんでできるなら、楽しんで実践したほうがよいと私は思うのです。**

じつは私も、母親のうつ病が回復するまでは、「人生は修行」「つらい思いを乗り越えないと幸せになれない」と頑《かたく》なに考えて、あえて苦労する道を選んでいました。

でも、言霊の奇跡を体験したあとは、ガラリと考えが変わりました。**「努力」や「根性」の道を通らずに、「楽しい」や「喜ぶ」ことを選んでも幸せになれるとわかったためです。**

それに魂は、あなたが厳しい顔でいるよりも、笑顔でハッピーに暮らすことをいつも望んでいます。

第2章でお伝えする内容も、難しいテクニックを学んだり、修行をしたりする必要はありません。楽しみながら実践していきましょう！

食べる前に「食べる」と言うだけで高評価

しょぼんとうなだれ、ふて寝していた魂ですが、第1章を読み、ワークを実践していただいたことで、少しずつ目覚めて、元気を取り戻してきました。

でも、魂としてはまだ、少しスネた気持ちも残っています。

そこで、「魂と仲良くしたい」というあなたの考えをわかってもらうために、「自分との約束を守る」ことをしてみましょう。

あ、待ってください！　「自分との約束」と言うと、難しい顔をして離れていってしまう方がたくさんいます……。

でもきっと、この方法はあなたが思い描いているものとは違うはずです！

私がここで伝えたい「自分との約束」は、もっともっと簡単なことです。

たとえば、「水を飲む」と言って水を飲む。

「トイレに行く」と言ってトイレに行く。

「いただきます」と言ってご飯を食べる。

こんなふうに、**これからやることについて、「やります」と言うだけでよいのです。**


……どうでしょうか？

めちゃめちゃ簡単ですよね。

拍子抜けしたよ、という方もいらっしゃいますか……？

でも、これなら誰でも、どこでも、できますよね！

これだって立派な「有言実行」なんです。


魂はあなたのことが大好き。だから、あなたが大切に扱われることを願っている、と第1章でお話ししました。

小さなことでも「自分との約束」を守るようにすると、「**あなたが自身のことを大切にしている証拠だ」と魂は考えて、あなたの言葉をもっと真剣に受け**

止めてくれるようになるのです。


じつは魂は、「約束」の規模の大きい、小さいは気にしません。

「年間で1000万円の売り上げを達成する」のも、「〝行ってきます〟と言って会社に行く」のも同じと考えます。

そうであれば、確実にできることを「やる」と言って、実行すればよいのです。


また、自分との約束を守るともう1つ、よいことがあります。

それは、自分で自分を認めてあげられるようになるということ。

小さなことでも、「あ、こんなこともできた！」を積み重ねていけば、確実に自信につながっていきます。

「帰りにみかんを買う」と言ってみかんを買う、などの小さな「できた」を続けて、「私も、なかなかやるじゃん」と自分を認めてあげましょう。

自分で自分のことを認めてあげられるようになると、だんだん自分のことを好きになっていきます。

そうすると、魂はもっともっとあなたのことを好きになっていきますよ！

Work ④ 簡単！「約束リスト」のつくり方

ではここで、実際に自分と約束を交わしてみましょう。

約束といっても、このあとすぐにやることを意識して実践する、たとえば、「食べる」と言ってから実際に「食べる」、など。それは、どのようなことでもよいのです。

じつは私は、前の日から自分と約束することを決めています。

でも、そんなに前から決めておかなくても大丈夫です！

食べる直前で「食べる」と言うだけでも、とっても効果があります。

でも、せっかくですから、前々から約束することについても説明しますね。

私はもう15年以上、前日の夜に「明日やること」を書き出して、翌日、実行できたらチェックマークを入れています。

そして、15年経ったいまでも、「やること」の内容はとてもシンプルです。

「メルマガを書く」「Aさんと打ち合わせをする」「朝ご飯を食べる」「洗濯をする」などの簡単なことばかりです。

まず、その日の朝か前日の夜に、約束したいことを3～5つ、リストアップしてみましょう。リストをつくっておくと、やるべきことを忘れずに実行できますし、文字にして可視化することで、より強力に意識できるようになりますよ。

そして、実行できたら、リストにチェックを入れてみてください。

リストの数は3～5つぐらいがよいでしょう。慣れてきても、ムリに数を増

やす必要はありません。確実に実行して、自分との約束を守ってみてください。
相談者さんの多くは、3ヶ月ほど続けると、**「なんだか、自分が好きになってきました」**とおっしゃいます。

Work ④ ｜ 約束リスト

実施する日付と、自分と約束した事柄を
3～5つ書き、できたらチェックしましょう。

日付：

- [ ]
- [ ]
- [ ]
- [ ]
- [ ]

「感謝体質」でもっと魂と仲良くなる

「ありがとう」の言葉は、神様と近い波動を宿しているとお話ししました。たとえ心から感謝していなくても、毎日「ありがとう」と唱えていると、魂がよい波動で揺り起こされて、神様とのシンクロ率が高まっていきます。

では、ここでさらにもう1歩前に進んで、「ありがとう」の言葉に気持ちを込められるようになるには、どうしたらよいか説明しましょう。

それは、日々のささいなことにでも「有り難い」と気づける、「感謝体質」になることです。

ここでちょっと考えてみましょう。

もし、身の回りのライフラインが整っていなければ、温かいシャワーを浴びることも、食事の準備をすることも、そしてスマートフォンを充電することもできません。

電車が時間どおりに来ることも、クルマを運転してあちこちへ出かけられることも、「もし、これがなかったら？」と考えると、ほんとうに、**「いまある日常が有り難いことだらけ」**だと気づけるでしょう。

あなたはもしかしたら、願いが叶わないと悩んでいるかもしれません。

でも、**もっともっとラクに考えてみてください。**

たとえば、おいしいものがあり、安心して暮らすための法律や制度も整えられている、日本という国に生まれたことはラッキーなことですよね！

また、生まれてから自分で働けるようになるまで、住む場所や食べるものを得られたのは、誰かしらの助けがあったからではないでしょうか……？

こうして、ちょっと見方を変えるだけで、いまの生活には「ありがとう」と感謝できることがあふれている、と気づくのではないでしょうか。

よく、「ありがとう」の反対語は「あたりまえ」だといわれていますが、私もほんとうにそうだなと思います。**日々のなんでもない暮らしにこそ、有り難いことがたくさんあると実感できると、「感謝体質」に変わります。**

そして、「ありがとう」の気持ちを持ち続けていると、「感謝体質」がどんどん自分のものになっていきます。

「感謝体質」になると、神様の持つ幸運の波動をたくさん浴びることにもなりますから、魂もあなたのことをもっともっと好きになって、シンクロ率も劇的にアップします。

その結果、努力や苦労をしなくてもスイスイと願いが叶うようになるのです。

Work ⑤ 「ありがとう」10個チャレンジ！

ここで「感謝体質」になるための、最強のワークをご紹介しましょう。

それは、**1日の終わりに、「感謝できること」を10個書き出すことです。**

書き出す「感謝」は、難しいことでなくても大丈夫です。

・朝のコーヒーがとてもおいしかった
・何事もなく、無事に職場へ行くことができた
・今日も、ペットの犬が元気でいてくれた
・ひさしぶりに友だちから連絡が来た
・ほしかったスニーカーがセールになっていた

……など、どのようなことでも構いません。

その日を振り返ってみたら、10個じゃ足りない……という日も、あるかもし

れません。そのようなときは、思いつく限り書き出してみましょう。

ただし、10個に満たないときは、やめてしまわずに、

・最近は天気がよくて気持ちがよい
・エアコンのある家に住めて有り難い
・自分だけのスマートフォンがあって便利

など、**「今日」に限らなくてもよいので、感謝できることが10個になるまで見つけてみてください。**

また、ゆっくり座ってノートに書く時間がないときは、お風呂に入っているときなどに頭の中で思い浮かべるだけでも大丈夫です。

ただし、**できるときは書き出していただくと、ノートに書いた「よいこと」を目で見ることで、「こんなに感謝できることがあるのだな！」と、より実感できるでしょう。**

毎日、感謝できることを探すようになると、有り難いことへの感度が高まり、

どんどん感謝体質に近づいていきますよ！

1人で唱えても他人に向けても効果は同じ

あなたの使う言葉を、イチバンよく聞いているのは魂です。

そのため、どのような言霊を使うかはあなたの人生に大きな影響を与えます。

そしてじつは、**魂は言葉を「自分」に対して言っているのか、「他人」に向かって発しているのかの区別をしないという特徴があります。**

つまり、ほかの人のことを「おしゃれ」「話がわかりやすい」「仕事が早い」とほめるのは、自分に向かって「おしゃれ」「話がわかりやすい」「仕事が早い」と言っているのと同じことになるのです。

人のよい点を見つけてほめる人は、自分の魂にも、よい言葉の波動を送っていることになるのです。

ただし、魂が「自分」と「他人」を区別しないのは、よい言霊のときだけでなく、悪口や批判などのマイナスの言葉のときも同じです。

「人を呪《のろ》わば穴2つ」ということわざがあります。

これは、「人を呪って殺そうとすれば、自分もその報いで死に至るから、墓穴が2つ必要になる」ということです。

つまり、人の不幸を願えば、自分にも悪いことが起こるよという意味です。

「悪口はストレス発散になる」と考える人が少なくありませんが、魂にとっては、**人を非難するのは、自分を責めるのと同じことになります。**

つまり、悪口を口にすると、自分の魂を傷つけることにもなるのです。

また、科学的にも、世間や他人に対して、よく批判する人は病気のリスクや死亡率が高い、つまり悪い言霊を思い浮かべたり発したりすることは、体にもダメージを与えることがわかっています。

だから悪い言霊は、極力、避けたほうがよいのです。

Work ⑥

悪口を言ったら「キャンセル」する

できるだけよい言霊を使うようにして、人の悪口や批判、不平不満、グチ、泣き言などの悪い言霊は使わないようにする。

たとえそう決めたとしても、**つい、「あの人はガンコでやりにくい」などの言葉が口をついて出てしまうこともあるでしょう。**

疲れているのに、理由もわからず子どもが泣きわめいたら、怒りたくなる気持ちもわかります。私だっていまだに、「騒がしい人だなぁ」「これは大変だ」などのマイナスの言葉を使ってしまうことがあります。

第1章の「言霊Q＆A」でもお伝えしたように、そのようなとき、「大変！いままでの言霊がリセットされてしまう」と心配される方がいらっしゃいます。

けれど、これまでに積み重ねた「＋」の言霊は、1ポイントや2ポイント

「ニ」になっても、いきなりゼロになることはありません。

それでもマイナスが気になる……という方に伝えたいコツがあります。

それは、悪い言霊を言ってしまったすぐあとに、できれば1時間以内に、「いまのナシ！　キャンセル、キャンセル」と言うことです。

キャンセルしたあとは、また新たな気持ちでよい言霊を積み重ねましょう。

つい、ネガティブなことを考えたり、マイナスの言葉を使ったりしても、そんな自分を責める必要はありません。

「あ、言っちゃった」

「はい、やり直し～、えへ」

と、明るくポジティブに切り替えていけばよいのです。

また、**まわりの人がグチをこぼしたり、悪口を言っている場にいなければならないこともあるでしょう。そのようなときも「キャンセル」は有効です。**

「さっきのは、キャンセル、キャンセル」

とつぶやいて、淀んだ気持ちをスイッチオフしましょう。

もしくは、**その場を離れたあとで、いつもより多めに「ありがとう」「ついてる」などのよい言霊を唱えて「－」を「＋」で中和するのもアリです。**

また、もう1つ、人の悪口や批判、不平不満、グチ、泣き言などの悪い言霊を使ってしまったときにリカバリーできる方法があります。

それは、**マイナスの言葉を発したあとに、プラスの言葉を足してポジティブに言葉を転換すること**です。

「疲れた！」と言ったら、「疲れた！　けれど、充実していた」。

「つまんないなぁ……」と言ってしまったら、「つまんないなぁ……。これから自分で楽しくしていこう」。

「やる気が出ない」と口にしたら、「やる気が出ない。今日は簡単な作業をするだけの日にしよう！」と切り替える。

そうすればネガティブワードも、前向きな考えに変えられるでしょう。

幸運の予兆！　エンジェルナンバーとシンクロニシティ

よい言霊を使うようにした、自分との約束を守るようにした、そして、小さな幸せにも感謝するようになった。

このようなあなたの変化を、魂はとても喜んでいます。背中を向けて、ゴロンとふて寝していたのが、目覚めてあなたを見守ってくれるようになっているはずです。

魂が目覚めてゴキゲンになってくると、神様とのシンクロ率がアップして、「エンジェルナンバー」をよく見かけるようになります。

エンジェルナンバーとは、数字を通して届けられるメッセージのことです。

とくに、「11」「222」「3333」のように、同じ番号が続く「ゾロ目」や、**自分の誕生日の数字などをよく見るときは、魂の感度が高まっている証拠。**

数字1つひとつにはそれぞれ意味があります。

たとえば、「9」には「1つのサイクルが終わる」というメッセージがあり、同時に新たな何かの始まりが近いことを示しています。

ここでは、それぞれの数字について詳しく説明することはしませんが、興味のある方はぜひ、調べてみてくださいね。

私は、あまり細かい意味は気にしませんが、ふと時計に目をやると「11時11分」であったり、クルマを運転していたら前のクルマのナンバーが「888」であったり……このようなことが頻繁に起こります。

エンジェルナンバーを見ると、それだけで「よいことが起こりそう」な予感がしてワクワクしますよ！

その他にも、シンクロ率が高まっているサインに、「シンクロニシティ」があります。

シンクロニシティとは、意味のある偶然の一致のことです。

気になっていた情報が目にとまった。
会いたいと思っていた人からちょうど連絡が来た。
……などの偶然の奇跡を体験したことがある方もいるはずです。

たとえば、私はあるとき、目的地にちょうどよい時間に到着する電車に乗り遅れてしまったことがあります。するとなんと、次に来た電車のドアが開いたら、スマートフォンを買い替えたときにうっかり連絡先を消してしまい、「会いたいけど会えない」と思っていた友人がそこにいたのです。

このような**シンクロニシティが起こるようになったら、あなたの魂の感度は高まっている証拠です。**

Column

コーヒーブレイク♪

2

言霊を休みたい日の対応法

これまでに、「よい言霊を唱える」「自分との約束を守る」、そして「感謝できることを探す」などのワークをご紹介させていただきました。

これらのワークを続ける中で、多く寄せられるのが、「**できない日があっても、次の日でリカバリーできますか？**」「**休日は休んでもいいですか？**」という相談です。

このような場合、私は、「**休む日があってもよいですよ**」とお伝えしています。

ただし、休むのであれば、

「連休の初日は、朝からビールを飲む。だから言霊を休みます」

「Netflixを見て、1日中ダラダラする。だから言霊を休みます」

「週末は、家族サービスに徹する。だから言霊を休みます」

など、「**休む**」**と決めてから休むようにしてみてください。**

これは、**ワークを休んでも、そのことで罪悪感を持たないようにするためです。**

たとえば、なんとなく言霊を唱えられないままに1日が終わってしまうと、「あぁ、今日は1回も言霊を言えなかった……」と罪悪感を持つかもしれません。

じつは、**この罪悪感がよくないのです。**

「やっぱり、私ってダメだな」などと、自分を責めて自信を失ったら、魂も残念に思ってしまいます。

じつは、人間の筋肉は、毎日だらだらとトレーニングをしてしまうと、疲労が抜けきらずに成長が遅くなることがあります。思いっきり負荷をかけてバーベルを持ち上げた翌日は、休めてあげることで筋肉は強くなるのです。

言霊ワークも同じこと。

疲れたら、思い切って「休む！」と決めて休んでも大丈夫。

そうしてリフレッシュできたら、また再開すればよいのです。

パッとおさらい！　第2章のまとめ

魂ともっと仲良くなる！

- 「食べる」と言って食べるだけで、「有言実行」の高評価
- 魂は約束の規模（大きい、小さい）を気にしない
- 「日々のありがとう」を見つける「感謝体質」でシンクロ率大幅アップ

魂は「自分」と「他人」、どちらへの発言かを区別しない

- 人をほめるよい言霊も、悪口などの悪い言霊も自分に返ってくる
- 悪い言霊を言ってしまったときは、「キャンセル」しよう

シンクロ率が高まると見られる幸運の予兆

- エンジェルナンバー：「ゾロ目」や、自分の誕生日の数字
- シンクロニシティ：「会いたいと思っていた人からちょうど連絡が来た」など、意味のある偶然の一致

第　3　章

シンクロ率 50〜70%
⇒ゴキゲンゾーン

あなただけの
願いを
言霊に込めましょう

言霊をカスタマイズしてみる！

第1章と第2章で言霊の基礎固めをしたら、第3章はいよいよ応用編です！
第3章では、いまのあなたにぴったり合う言葉を選び、望む方向に人生を変えていくコツをお話ししていきますね！

また、この章では私が運営していた「言霊で人生を好転させるコミュニティ」に寄せられた、多くの人の「言霊のアレンジのコツ」や、相談者さんの実例もたっぷり盛り込んでいます。

ぜひ、**自分に合う言霊を見つけるためのヒントにしてみてくださいね。**

「神様とのシンクロ率チェック表」で、シンクロ率が50〜70％の「ゴキゲンゾーン」だった方は、魂もすっかりゴキゲンで、神様からの波動を受信しやすい状態です。自信を持って自分なりに言霊を極めていってください。

そうでない方も、ぜひここで書かれていることを試して、シンクロ率をもっと高めていきましょう。

自分なりに言霊をアレンジできる方法が見つかれば、言霊を唱えること自体が、どんどん楽しくなっていくはずです。

言霊をアレンジされている方から受ける相談の1つに、「散歩しているときは〝ありがとう〟、お風呂に入っているときは〝神様の奇跡が起こる〟など、**1日にいくつもの言霊を唱えてもよいのでしょうか**」というものがあります。

もちろん、大丈夫です！

私は、洋服やバッグを選ぶように、気分に応じて言霊をコーディネートするとよいと思っています。

「いまは、〝なんとかなる〟の気分」「〝ありがとう〟が言いたいな」などと、そのときの気持ちに応じて変えても、「効果が出ない」ということはありませんから、安心してくださいね。

効果的な言霊づくり 3つのコツ

よい言霊と悪い言霊にどのような言葉があるのか、わかるようになった。

そして、よい言霊を唱えていたら気持ちが前向きになってきて、まわりの状況も少しずつ変わってきた。

「こうなったらいいな」「こんな夢が叶ったらスゴくうれしい！」といった、**叶えたい願いや未来を楽しみにする感情が自然と湧きあがってくるようになった……！**

これは、あなたと神様とのシンクロ率が高まっていることの現れです！

「叶えたい願い」が自然と湧きあがってくる。

この段階にある方は、ぜひ、「叶えたい願いにフォーカスした言霊」をつくってみることをオススメします。

「叶えたい願いにフォーカスした言霊」ができると、願いがもっと叶いやすくなりますよ。


ただし、いきなり「自分なりの言霊をつくってみよう!」と言われても、ハードルが高いと思うかもしれませんね。

そこで、そのときの気持ちや願いにピッタリとくる言霊を見つけるための、3つのコツを紹介します。この3つを見ながら、あなたの叶えたい願いにフォーカスした言霊をつくってみてくださいね。

コツ①:シンプルに、単語だけを使う

1つ目のコツは、シンプルに単語で唱えることです。

たとえば、「愛する人にめぐり会いたい」と考えているのであれば、「愛するパートナー、愛するパートナー、愛するパートナー……」とつぶやいてみます。自分に自信をつけたかったら「自信、自信、自信、自信……」、家がほしいときは「マイホーム、マイホーム、マイホーム……」と唱えてみるのです。

単語にするのには、理由があります。

たとえば、「私は、愛する最高のパートナーに出会いました」という言霊をつくったとしましょう。

このとき、言霊を具体的な文章にしすぎてしまうと、せっかくの言霊に対して「でも私、いま、モテていないから〝最高〟なんてムリかも……」「出会うって、どこで……?」と、反発する気持ちが生まれてしまうことがあります。

ですから、できる限り抵抗の起きないシンプルな言葉にすることで、魂にスッと届きやすくするのです。

たとえばこの例でしたら、「愛するパートナー」くらいの簡単な言霊がよいでしょう。すると魂が、「〝愛するパートナー〟を得るためには、どうしたらよいか」というヒントをくれるようになりますよ。

コツ②：「〜になりつつある」の現在進行形にする

2つ目のコツは、「〜になりつつある」「〜に近づいています」などの、現在進行形を使う方法です。

たとえばあなたが毎日ダルくて、動くのもしんどいな……と感じるときに、「私は、元気でイキイキと暮らしています」という言霊をつくったとしましょう。

でも、言霊を唱えながら心の中で、「いや、ホントに疲れたよ……」と思っていたら、魂が心の中のホンネも拾ってしまって、違和感を抱いてしまうことがあります。

このようなときは、「私は、はつらつと動けるようになりつつあります」「元気いっぱいの体に近づいています」などの現在進行形を使って、いまはあくまで目指す状態の過程であると理解するようにしましょう。

現在進行形にすることで、ホンネと口に出した言葉の矛盾をなくすのです。

コツ③：「～になってよい」などの許可形にする

3つ目のコツは、「～になってよい」「～してもよい」と自分に許可を与える言葉にすることです。

日本人には、謙虚であることが美徳である、という価値観が広く浸透しています。その影響か、「自分なんてまだまだ」と考えて、幸せになることに歯止めをかけてしまう人がとても多いなと感じます。

そんな控えめな方にオススメなのが、このコツです。

「私は、もっとお金持ちになってよい」
「私は、もっと男性からモテてよい」
「私は、もっと幸せになってよい」

などの、自分に許可を与える言葉に変えてみることです。

「許可形」の言霊を繰り返すことで、自分にリミットをかけていた考えから自然と解放され、よりたくさんの幸せを受け入れられるはずです。

心のホンネが言霊と矛盾する「逆暗示」に注意

第3章まで読み進めてくださったあなたは、神様とのシンクロ率が高まった状態にあるはずです。

そのような状態にあるときに注意したい「逆暗示」についてお伝えします。

シンクロ率が低いとき、心の中のホンネと言霊では、魂はよい波動を宿す言霊のほうを優先してくれます。

けれど、シンクロ率が高まり、魂がゴキゲンになって、よりあなたと深く関わろうとしている、いまのような状態のときは少し違います。

魂はとても感度が高まっていて、あなたのホンネも細やかに拾ってくれるようになるからです。

魂がホンネを拾って、口に出した言霊との矛盾で迷ってしまう状況のことを、私は「逆暗示」と呼んでいます。

もしも、言霊の効果が薄いな……と感じるときは、この「逆暗示」になってしまっていないか注意をしてみましょう。

Point!

そして、「逆暗示」になっていると感じたときは、先ほどお話しした言霊のコツをもう1度見直してみてください。

「〝私は〟成功しています」など、〝私は〟の強調に注意

「私は、お金持ちです」
「私は、最高のパートナーに愛されています」
「私は、必ず目標を達成します」

など、**「私は～です」と〝私は〟を強調しすぎてしまうと、「逆暗示」になりやすい場合があるので、注意が必要です。**

この、「私は～です」という前向きな宣言は、「アファメーション」と呼ばれることもあり、さまざまなところで提案されています。

けれど私は、この方法は効果がある人とない人がハッキリとわかれる方法だと考えています。

じつは、「私は～です」は、神様とのシンクロ率がまだ低い方にとっては、

「でも、私いま、ビンボーだし……」

「最高の相手が私になんて振り向いてくれるわけないよ」

「私、これまでもなかなか目標達成できなかったんだよね」

といったホンネが出やすく「逆暗示」になりやすいのです。


「これから、神様とのシンクロ率を高めよう！」としている方は、「お金持ち、お金持ち……」とコツ①のように単語にするか、「私は目標を達成しつつあります」とコツ②のように現在進行形にする、もしくは「最高の相手が現れてよい」とコツ③のように許可形にすると、魂を迷わせることがなくなるはずです。

「〇〇できたら、病気になってもいい」と代償を与えない

もう1つ、言霊のつくり方で気をつけていただきたいのが、「願いが叶えられたら何かを犠牲にしてもいい」と考えてしまうことです。

たとえば、実際にこのような例がありました。

女性特有の疾患に何年も悩まされている方から相談を受けたときのことです。話をよくうかがってみると、息子さんが受験を控えていた時期に、志望校に合格してもらいたいあまりに、「息子が志望校に合格できるのであれば、私は病気になってもいい」と願っていたのです。

魂は、あなたがつくった言霊をそのまま受け取って実現してしまうことがあります。

確かに息子さんは、第一志望の大学に合格しましたが、母親であるその女性は、その後すぐに、子宮の病気に悩まされるようになってしまったのです。

また、別の相談者さんは、小学生のとき、かわいがっていたひよこが亡くなった際、あまりの悲しさに毎日、「自分はどうなってもいいから、ひよこちゃんが天国に行けますように」と願っていたそうです。

すると、数日後に耳が痛くてたまらなくなり、病院に行ったら「中耳炎」と診断されたそうです。

けれど、**幸せになるために、代償を捧げる必要はなかったのです。**

先の女性であれば、

「息子が志望大学に合格して、家族に幸せがあふれますように」

ひよこちゃんを飼っていた女の子の場合、シンプルに、

「愛するひよこちゃんを天国に連れていってください」

とだけ願えばよかったのです。

何かを犠牲にすることなく、自分もまわりも幸せになる言霊をつくりましょう。

「○○しました、感謝します（過去完了形＋感謝）」の効果は？

勉強熱心で、言霊について試していらっしゃる方から多く受ける質問の1つに、「〝過去完了形＋感謝のカタチ〟が、願いが叶いやすいと聞いたけれど、ホ

ント？」というものがあります。

たとえば、
「腰痛がすっかり回復しました、ありがとうございます！」
「最高のパートナーに出会いました、ありがとうございます！」
「月収が100万円になりました、ありがとうございます！」
のように、達成したい願いをすでに叶ったものとして、感謝するやり方です。

言霊の知識を伝えている方の中には、この、「過去完了形＋感謝」が最強だと教える方もいるほどです。

でも私は、**まだ叶っていない状態を、すでに叶ったものとしてとらえる言霊は、魂が違和感を抱きやすくなると考えています。**

そのため相談者さんには、自分なりの言霊をつくるコツとして先ほどお伝えした、「単語」「現在進行形」「許可形」のコツ3つを提案することが多いです。

でももちろん、叶ったことをしっかりイメージできて、魂もウキウキと楽しい気分になるのであれば、このやり方は効果的です。

神様とのシンクロ率が高まり、「ミラクルは起きてあたりまえ」と感じられるようになれば、「ほんとうにそうなれるのかな？」と疑う気持ちもなくなっていきますから、「過去完了形＋感謝」も、違和感なく唱えることができるでしょう。

また、これから第4章でご紹介する「予祝《よしゅく》」というテクニックは、まさに「過去完了形＋感謝」だといえるかもしれません。

いずれにせよ、魂が迷わない、違和感を抱かない方法で言霊をつくるのが、効力アップの考え方です。

そのときの自分に合うやり方を選び、言霊効果を高めていきましょう！

「お悩みトップ3」に効果的な言霊

私が心理カウンセラーとして、5000人以上の方の相談にのってきた中で、多くの方に共通する悩みとして代表的なものが、左記の3つです。

①お金（仕事）
②健康
③人間関係（愛情、家族）

ここで、この「お悩みトップ3」を解消するために、どのような言霊をつくればよいのか、相談者さんの体験とともに紹介していきましょう。

お金（仕事）に効果的な言霊

「神様の奇跡はアッサリ起こる」で100万円の贈与

ある営業職の女性は、その月の契約数が「0」のまま、残すところあと数日になりました。そこで、「**今日も最高の1日になりました！**」と、家を出る前や会社に行く途中などに繰り返し唱えるようにしたところ、ギリギリのタイミングで奇跡的に大口の契約を結ぶことができたそうです。

また、収入が少なく支払いに困っていた男性に、「**ありがとう**」とともに「**神様の奇跡はアッサリ起こる**」と唱えましょうとお伝えしたところ、なんと1ヶ月もしないうちに、ご両親からの生前贈与で100万円を手にしたそうです。

似たような例は、まだまだたくさんあります。

「ありがとう」を口グセにしていた女性は、心がおだやかになり、離れたところに住むご両親に近況をうかがう電話をマメにするようになりました。

すると、息子さんの就職祝いにと100万円をもらったのです。

また、「やたらとよいことが起こる」「よいことしか起こらない」という言葉が好きで、毎日のように唱えていた女性は、3万円以上かかるはずだった歯の治療費が、なぜか無料になったり、家電が壊れた際、絶好のタイミングで安く譲ってくれる人に出会ったりと、よいことが続いているそうです。

とてもユニークな体験談に、「私の存在は、関わる人を幸せにしていく」と繰り返して、日本一のトップセールスマンになった男性の話があります。

この男性は、幼いころから格闘家を目指していましたが、ケガが絶えずに夢を断念します。人生の目的を見失い、家に引きこもるようになって1年が経つころに、知人の紹介で私と出会ったのです。

私はまず、「**大丈夫、なんとかなる！**」と、最低でも1日に3000回は唱えるようにと伝えました。子どものころに父親をガンで亡くし、「女手ひとつで育ててくれた母を、早く安心させたい」という気持ちが強かったこの男性は、ときには1日に3万回もこの言霊を繰り返したそうです。

すると、少しずつ気持ちに変化が現れ、働く勇気が出たこの男性は、コールセンターでお客さまと対応する仕事を始めました。

「お客さんと話すのが楽しい！」と報告してくれた男性に私は、次に「**私の存在は、関わる人を幸せにしていく**」という言霊を提案します。

「**私の存在は、関わる人を幸せにしていく**」という言霊を、1日に何百回も繰り返したこの男性は、なんと、営業マンとして転職した会社で、1年も経たないうちに全国でトップの成績を記録したのです。

「お金がザクザク入ってくる」で月商アップ

これは、飲食店を経営していた女性の話です。

コロナ禍でお客さまが激減し、支払いにも困る状態になってしまいました。

そこで、「なんとかなる」「大丈夫、きっとうまくいく」「なぜだかわからないけれど、お金がザクザク入ってくる」と、毎日のように繰り返したそうです。

すると、3ヶ月もしないうちに、以前よりも多くのお客さまが訪れ、月商がアップしたのです。

ある男性は、父親の急死にともない、5億円もの負債がある会社を急遽《きゅうきょ》、引き継ぐことになりました。

経営者としての経験はなく、プレッシャーとストレスで夜は眠れず、大量の睡眠薬を飲むようになったそうです。朝起きたら、心臓の動悸《どうき》が止まらずに顔面はマヒ状態、ベッドから起き上がることができずに、思わず「死」を考えた日もあったと言います。

すべてをあきらめかけていたときに言霊のことを知り、この男性は、**「なんとかなる！」「すべてが成功に導いてくれる」**と、朝から晩まで唱えるようになりました。

眠っている間も、言霊を録音した音声をイヤホンで聞くことを続けていたら、数え切れないほどの奇跡とまわりからの助けによって、最終的には会社を無事、大企業に買い取ってもらうことができたのです。

また、これは私自身の体験です。

20代のころに、あるお坊さんに、「ｍａｓａくん、〝**神様！　私を神様の道具にお使いいただきありがとうございます**〟と唱えると、億万長者になれるよ」と言われたことがあります。

でも同時に、「お役目を生きることになるので、忙しくなるよ」とも言われました。

思い出すたびにこの言霊を唱えていたら、お金の流れが格段によくなりました。そして、お坊さんに言われたとおりに、毎日、神様の道具として忙しく働かせていただいています。

私は神様、そして皆さまのために働けることをとても幸せに感じているので、これはとってもハッピーなことです。

健康に効果的な言霊

「いつも、体を支えてくれてありがとう」で不調が回復！


私たちは、自分の体が自由に動くのがあたりまえだと思いがちです。

たとえば、肩が痛くて「腕が上がらない」という状態を経験して初めて、これまでスムーズに動いていた肩の有り難みを感じるようになります。

また、毎日24時間、黙って働いてくれている、呼吸をするための肺や食べ物を消化してくれる胃腸など、内臓に感謝する機会もあまりありませんよね。

「感謝を伝える」というと、対象は〝人〟を思い浮かべがちですが、〝体〟にも感謝を伝えると、不調が回復する効果があります。このあとでもご紹介しますが、言霊は〝機械〟や〝植物〟、そして〝ペット〟に唱えてもよいのです。日ごろから「ありがとう」と伝えるのが一番ですが、調子が悪くなったときでも遅くはありませんよ。

肩が痛くなった男性は、「いつも、重い腕を支えてくれていて、ありがとう」と繰り返していたら、肩の痛みが和らいだそうです。

同じように、お腹がゆるくなったときは、「いつも、食べ物を消化してくれてありがとう」と胃腸に感謝して、足首をくじいたときは、「いつも、体を支えてくれてありがとう。たくさん歩けるのも足首のおかげだね」と優しく話しかけていたら、スムーズに回復した人がいます。

このような例はたくさんあります。

白髪を気にしていた女性は、「すっかり元気な黒髪になりました、ありがとう」と繰り返していたら、ほんとうに黒髪に戻ったそうです。

「何を食べても、何を飲んでも、53キログラムを維持しています、ありがとう」と唱えた女性は、特別なことをしなくても、ベストな体重をキープできるようになったと言います。

あなたが感謝した言葉を、魂は実現させようと働いてくれるのです。

「なんとかなる」で重い病気のつらさを克服

私の相談者さんの中には、重い病気のつらさを言霊で克服した方も少なくありません。

ある女性は、ダンナさんが疲れやすく体調の悪い日が続いたため、病院に連れていったところ、深刻な病気が見つかりました。

「〝主人がいなくなったらどうしよう〟と思うと眠れない」「不安でたまらない」と言うその女性に、私は、ダンナさんにも協力してもらって、2人で「**なんとかなる**」を唱えたらどうかと提案したのです。

その女性は、言霊についての知識があり効果も確信していたので、それからダンナさんと2人で「**なんとかなる**」「**大丈夫**」の言霊を繰り返し唱えてくれました。

すると3ヶ月後には、余命宣告までされていた症状が改善しており、やせ細ってしまった体も回復しつつあるとの報告をいただいたのです。

また、ダンナさんに大病が見つかった別の女性は、お医者さまから入院して治療することを勧められました。

心配したその女性は、「**神様の奇跡が起こる**」「**なんとかなる**」「**絶対、大丈夫！**」をひたすら繰り返したそうです。

すると、入院せずに通院だけで病気の治療を終えることができ、病院中で話題になったと言います。

「**絶対、なんとかなる**」と唱え続けたら、うつ病の薬を手放せたという女性もいます。

ですから、もしあなたがいま、どんなに体調が優れなくても、あきらめないでほしいのです。

あなたがあきらめなければ、魂は応援してくれます。

言霊には体の状態に働きかける力がある、と私が考えるのには、根拠があります。

私たちの体の70%近くは水分で構成されています。

第1章で、「ありがとう」などのよい言葉をかけた水はきれいな6角形の結晶を結び、悪い言葉をかけた水は結晶をつくらなかったという実験のお話をしましたね。

もしそうであれば、よい言葉を意識して使うようになると、人間の体の大部分を占める水の状態もよくなるでしょう。それが、体のトラブルを解消し健康になる手助けをしてくれるのではないかと私は思うのです。

ですから、体が不調なときこそよい言霊を唱えて、気持ちを切り替え、体調を整えていきましょう。

人間関係（愛情、家族）に効果的な言霊

「運命のパートナーにふさわしい女性になりつつあります」の縁

「普通に生きていれば、そのうち恋愛するだろう」と、漠然と考えていたある女性は、「彼氏いない歴＝年齢」でした。30代に突入し、「そろそろマズイな」と思い始めたころに言霊と出会ったのです。

相談を受けた私は、「**運命のパートナーにふさわしい女性になりつつあります**」を、毎日唱えることを提案しました。

同時に、理想の男性のタイプや、男性とお付き合いするとどのようなよいことがあるかなどをスマートフォンに録音し、毎晩、繰り返し聞いてもらうことにしたのです。

すると、3ヶ月後に入社してきた男性が、理想にピッタリで「運命の相手」だと一目で直感。

すぐにお付き合いすることになったのです。

また、「**ありがとう**」「**幸せ**」「**うれしい**」「**楽しい**」という言霊が好きで、唱え続けていた女性がいます。

ときに、「自分なんて……」と卑下する気持ちが生まれたり、「こんなことやっていて、効果あるのかな？」と迷ったりしたときは、「**なんとかなる**」「**大丈夫！**」に言霊を切り替えて繰り返していたそうです。

そうして、半年経つころには、自然とよい言霊が口をついて出るようになり、そのころに最愛のパートナーとめぐり会えたそうです。

また、「はじめに」でご紹介したように、３人のお子さんがいるシングルマザーは、DREAMS COME TRUEの『**うれしい！たのしい！大好き！**』という歌が好きで、いつも口ずさんでいたら、理想的なパートナーと出会った翌月にプロポーズされました。

さらに、「**ありがとう**」を意識して唱えるようにした女性は、それまで言い合いが絶えなかった家族にも、自然と「**ありがとう**」と言えるようになったと言います。ギスギスしていた家族の雰囲気が優しく変わり、お互いに「**ありがとう**」と言い合う関係になったそうです。

高圧的な上司に「たくさんの幸せが訪れます」で上司が転勤に

これは、第4章でも詳しくご紹介をする、ちょっと高度なテクニックです。嫌いな人や苦手な人に対して、あえて相手の幸せを願うことで、奇跡が起こるのです。

高圧的な上司のもとで働き、ストレスが限界に達しそうだった女性は、「**○○さんのもとに、たくさんの幸せが訪れます**」と繰り返したら、3ヶ月後にその上司が転勤になったそうです。

この方と同じように、

「ワガママで理不尽なお局《つぼね》さまの幸せを願ったら、社長とケンカしたお局さまが辞めた」

「パワハラ、モラハラの人事部長の幸せを願っていたら、自分により合ったよい条件の仕事が決まった」

などの報告が、私のもとに数多く寄せられています。

また、職場の人間関係が最悪で、出社するのがゆううつでたまらなかった女性は、毎日会社に着く前まで、「大丈夫」「なんとかなる」「きっとよくなる」「運がよい」と繰り返していたら、次第に職場の雰囲気が温かく変わり、自分も笑顔でいる時間が増えたと言います。

日ごろから、「ありがとう」を唱えるようにしていたら、十数年来、疎遠になっていた友人との関係が修復されたという人や、「愛しています」という言葉が好きで唱えていたら、とても気の合う友人ができたという人もいます。

植物や機械、ペットの不調に効果的な言霊

言霊を唱えるというと、その対象は〝人〟を思い浮かべがちかもしれません。先ほど、〝体の部位〟に効果的な言霊をご紹介しましたが、じつは言霊は、〝植物〟や〝機械〟や〝ペット〟などにも効果があります。

私の母は、観葉植物に、「かわいいね」「元気に育ってね」と、毎日話しかけていたそうです。すると、困ってしまうほどぐんぐん育ち、ご近所の方に株わけをするなどして、いつも差し上げています。

すっかり枯れてしまった観葉植物の植え替えをして、毎日、「元気になってくれて、ありがとう」と言い続けていたら、あきらめかけていたのに葉っぱが前以上に大きく育ったという話もあります。


また、ダンナさんや息子さんに、「言霊のよさを伝えたい！」と思ったある女性は、壊れたタブレット端末を取り出して、

「〝ありがとう〟をたくさん言うと、またこのタブレットでYouTubeが見られるよ！　一緒に実験してみよう」

と言ったそうです。

面白がったダンナさんと子どもと3人で、順番に1日100回ずつ「ありがとう！」と唱えると、なんと3日目に、何をしても動かなかったタブレット端末

末に電源が入り、充電マークがついたそうです。

掃除機や洗濯機などの家電製品に、「がんばって働いてくれてありがとう」と話しかけるのを習慣にしている女性は、いつも長持ちしてくれて、突然壊れたりすることもないといいます。

植物や機械だけでなく、言霊パワーはペットにも働きかけます。

お留守番が嫌いで、家族がいなくなるとゴミを散らかしたり、トイレではないところでオシッコをしたりしていたワンちゃんに、出かける前に、「お留守番ができていい子だね、ありがとう！」と話すようにしたら、家に誰もいなくてもいたずらしなくなったそうです。

さらに、尿路結石になったネコに、「大好き、ありがとう、愛してます」と言いながら毎日なでていたら、病気がすっかり回復し、その後は再発しなくなったという女性もいます。

よい言霊のよい波動は、この世に存在する多くのものにも、ポジティブな影

響を与えるのです。

「効果が出にくい」のを助ける言霊

言霊を唱えるのがつらいときの「ホ・オポノポノ」

ではここからは、「言霊を唱えるのがつらい」「言霊を繰り返しているのに、なかなか効果が出ない……」など、言霊を続ける気持ちがくじけそうなときに効果的な言霊をご紹介していきましょう。

過去に、愛する人との別れや死別、もしくは虐待などのつらい経験を持つ方の中には、よい言霊を唱えると苦しくなったり、気分が悪くなったりする方がいます。

そのようなときはムリに続けるのではなく、まずは過去のネガティブな記憶をクリーニングする「**ホ・オポノポノ**」から始めることをオススメしています。

「**ホ・オポノポノ**」とは、ハワイに昔から伝わる手法で、「**ありがとう**」「**ごめんなさい**」「**許してください**」「**愛してます**」の4つの言葉を繰り返すというシンプルなメソッドです。

基本的には、この4つの言葉を「**ありがとう**」から順に、好きなだけ繰り返します。でも、たとえばどうしても「**許してください**」を言う気になれない、という場合は、飛ばしても構いませんし、私のこれまでの経験とまわりの方の話からすると、言葉の順番を入れ替えても効果はあります。

ある相談者さんは、一般的によいとされている言霊でも、それを唱えることに違和感を抱いていました。魂が抵抗しているような気がしたそうです。

そこで「**ホ・オポノポノ**」に切り替えていただいたところ、当時、アトピー性皮膚炎のかゆみがひどかったのが治り、体調が目に見えてよくなりました。

私は、よい言霊は自分の魂と体にあげる栄養のようなものだと考えます。

魂と体が弱っているときは、まず「**ホ・オポノポノ**」でデトックスしてから、よい言霊を唱えると、吸収がよくなり効果もアップするのでしょう。

ダメな自分を変えたいと思っているときの、エイブラハムの教え

アメリカのチャネラー（霊的な世界と交信してメッセージを伝える人）であり、作家でもあるエスター・ヒックスさんは、エイブラハムという宇宙的存在と対話して、叡智《えいち》を伝えています。


エイブラハムによると、感情には22の段階があるそうです。

1～7までは、愛、感謝、喜び、情熱、楽観、希望……などのポジティブな感情、そして、8～22までは、イライラ、疑い、心配、怒り、自信喪失、無力感……などのネガティブな感情だといいます。

この感情を言霊にしたとき、1に近いものほど神様の波動に近く、魂をゴキゲンにする言霊、そして、22番目に近くなるほど、よくない波動を魂に届けフキゲンにする言霊になると考えています。

ここでもっとも注目したいのは、「自己否定感」がとてもネガティブ度が高いとされているところです。自己否定感、つまり「**自分はダメ」と思う自信喪失や無力感は、怒りやイライラよりもネガティブ度が高いのです。**

怒りやイライラを感じるよりも、「自分はダメ」と思う感情を持つほうがよくない波動を出してしまう、というのは第1章で説明をしましたね。**魂がもっともイヤなのは、「自分で自分をいじめること」なのです。**

私も、「自分には何のよいところもない」「生きている意味がない」と信じて自分を責めていたころは、つらく苦しいできごとばかり引き寄せていました。

ただし、自分のことを好きになれない人がムリをして、「自分嫌い」を克服しようとすると、ますます自分を苦しめてしまうことがあります。

「自分を好きになりましょう」と言うのは簡単ですが、自分を嫌いな人が自分を好きになるのはどれほど難しいか、私自身がイチバンよく知っています。

そのため、「自分に自信が持てない」という人には、先ほどもご紹介した「許可形」の言霊をオススメしています。「自信がなくてもよい」と許可することから始めてもらうのです。

そうしていまの自分を認めてあげてから、「好きな自分になれる」言霊を使っていくとよいのです。

「いまの自分でよい」と思える代表的な言霊の1つに、「そのままで価値がある」があります。「そのままで価値がある」を繰り返し唱えることで、こわばってしまっていた魂も、自然とほぐれてくるでしょう。

その他には、「私は私でよい」「これでよかった」「もっと自分を愛します」「そのままの自分を許します」などの言霊もオススメです。

「心の鎖がどんどん外れていきます」で解放される

「～すべき」「～しなければならない」と、自分がつくりあげた「マイルール」で自分を縛ってしまう人が少なくないと感じます。もっと幸せになる可能性があるのに、自分を1歩手前に閉じ込めてしまうのです。

あるとき私は、どうしても自分が幸せになることを許可できない60代の女性のカウンセリングを行いました。

この女性は、30年前に最愛の息子さんが川遊びをしていて行方不明になり、帰らぬ人となったときから、ずっと自分を責め続けていたのです。

何度か「死のう」と思ったこともあったそうですが、もう1人の息子さんがいるので残して命を絶つことはできない……。10年前から、全身の関節がリウマチで痛んで家から出られないようになったのも、「自分に対する罰」だと受け止めていたそうです。

私は、30年もの間苦しみ続けたこの女性に、「そろそろ、罪を償う期間は終わりにしませんか？」とお話ししました。

仏壇に飾られていた笑顔の息子さんの写真からは、自分のせいで、お母さんが心から笑えなくなったことを悲しんでいるのが伝わってきたからです。

そして、

「心の鎖がどんどん外れていきます」

「少しずつ心が解放されます」

「自分を許します」

などの言霊を唱えていただくよう、提案しました。

すると、2週間後にご自宅にうかがったときには、笑顔で出迎えてくださり、全身の痛みがずいぶんと和らいだとお話ししていただけたのです。

もしあなたが、自分で自分を縛っていると気づいたら、マイルールに従わなくてもよいと、自分に許可を出してあげましょう。

がんばりすぎてつらいときの「そのままでOK」

これまでは、

目標を決めて、一生懸命にがんばる→叶ったら喜ぶ

という時代でした。

でもいまは、

先に喜ぶ、楽しむ→さらに、よいことが引き寄せられてくる

という時代に変わっていると感じています。

それでもまだ、まじめに努力することでしか成果を得られない、と考える人も多いかもしれません。

家事も仕事も全力投球、人間関係にも気を遣い、言霊もきっちりこなそうとする。それなのに、なかなか結果が見えずに心も体も疲れ果ててしまう……。

そのようながんばりすぎてしまう方には、

「そのままでＯＫ」

「がんばらなくても、大丈夫」

「私はよくがんばっている」


などの言霊を繰り返していただくようお伝えしています。

すると、唱えているうちに、力が抜けて涙が大量に流れる人もいます。


「がんばりすぎないでＯＫ」と思えるようになれば、

「やりたいときはやる、やりたくないときはやらない」

「がんばりたいときは、楽しく努力する」

このような、**肩の力を抜いた努力ができるようになりますよ。**

また、「がんばりすぎなくてもいい」と思えるようになったら、

「楽しんでいると夢は叶う」

「人生は喜びであふれている」

「よいことしか起こらない」

「みるみる好転していく」

「望んだ以上の人生になっていく」

などの言霊もオススメです。

もっともっと幸せになりたいときの「もっと幸せになっていい」

魂が目覚め、願いがどんどん叶うようになってくると、まじめな人ほど、「こんなにうまくいっていいのかな？」「私ばっかり幸せになっていいの？」という、不安や疑問が頭をもたげてきます。

そうして、幸せになる途中で、運気の停滞状態を招いてしまうのです。

そのようなときは、

「もっと幸せになっていい」

「お金に恵まれ、豊かになるのは私の義務です」

「幸せは続くよ、どこまでも♪」（アメリカ民謡の『線路は続くよ、どこまでも』風に）

などの許可形の言霊を使ってみましょう。そうすることで、ご自身がイメージした以上の豊かさや幸せに恵まれるようになるでしょう。

奇跡が信じられないときの「すごいことはアッサリ起こる」

がんばっても、がんばっても、状況が変わらない人は、心のどこかで、「そう簡単には、願いなんて叶わないよね」「〝奇跡〟ってホントに起こるのかな？」と疑いの気持ちを持っていることも少なくありません。

「あ、もしかして自分がそうかもしれない」

と思う方は、次のような言霊を繰り返し唱えてみましょう。

「すごいことはアッサリ起こる」
「奇跡がたくさん起こってよい」
「これからどんどん、奇跡が起こる」
「奇跡は何度でも起こせる」
「ステキな奇跡を引き寄せる」
「毎日が奇跡の連続です」

と許可することで、ほんとうにあなたの人生にミラクルが押し寄せるのです。

専業主婦だった女性が、それまではパートで月に3〜4万円のお小遣いしか得ていなかったのに、年商2000万円の経営者になった。

介護の仕事をしながら都内のアパート暮らしをしていた男性は、貯金もほとんどできなかった生活から、人を助けて喜ばれるセラピストの仕事につき、あこがれのオーシャンビューの家を手に入れて住んでいる。

その他にも、宝くじの高額当選を果たしたり、何十年も憎んでいた母親と和解できたり……、という報告をたくさんいただいています。

本人たちでさえ想像しなかった奇跡が、あたりまえのように起こっているのです。

行き詰まったときの「神様、どうかチャンスを与えてください」

まわりの友人は次々と就職先が決まるのに、在学中に就職先を見つけることができなかった20代の男性がいました。「就職浪人」となったあとも、必死に応募を続けましたが、なかなか採用には至りません。

ご両親からは、「せっかく大学に行かせたのに……」と、毎日のように文句を言われ、さらに、付き合っていた彼女にも見捨てられて、気持ちがどんどん追い詰められていったそうです。

相談を受けた私は、運を高める方法と併せて、「神様、どうかチャンスを与

えてください！」という言霊を、繰り返し唱えることを提案しました。

2ヶ月ほど経ったある日、この男性は、自転車でハローワークに向かう途中、道路の真ん中で止まっている1台のワゴン車を目にします。

後続のクルマに激しくクラクションを鳴らされ、焦る運転手を見て、「大丈夫だろうか？」と駆け寄ると、クルマのエンジンが動かなくなっていました。男性は、以前に自分も同じような経験があったため、すぐに警察とロードサービスの会社に連絡をし、レッカー移動の手配をしてあげます。社用車のトラブルであわてていた、同年代と思われる若い運転手さんからはとても感謝されたそうです。

翌日、「社長がお礼をしたいと言っている」と、運転手さんから連絡がありました。会社を訪ねると、社長さんが自ら出迎えてくれ、世間話をする中で、「どこで働いているのか」と聞かれます。そこで男性は正直に、「求職中なんです」と答えたところ、なんとその場で、「うちに来てほしい」と言われたのです。

運転手さんは、じつは社長の息子でその会社の専務でした。この男性の親切さとスムーズな事故対応を見て、「ぜひ自分の右腕になってほしい」と考えたそうです。

男性はいま、この運転手さんの会社に入社し、イキイキと働いています。

そしていまでも、「神様、どうかチャンスを与えてください」という言霊を唱え、チャンスがやってきたら、積極的に行動するようにしているそうです。

漠然とした不安を感じるときの「何があっても大丈夫」

東日本大震災が起こった2011年、耳の調子が悪くなった相談者さんが非常に増えました。

朝から晩まで悲しい状況を伝えるニュースが流れ続けたため、おそらく、「これ以上、聞きたくない」と体が拒否反応を起こしてしまったのでしょう。

新型コロナウイルス感染症が広がった2020年以降も、耳が聞こえづらくはならないまでも、「この先どうなるのだろう」と不安を抱える方は急増しています。

漠然とした不安の感情は、魂も不安にさせてしまいます。

そのため、ご自身の未来を心配する方に、私は、

「何があっても大丈夫」

「すべてがよい方向に向かう」

「このことはきっとよいことに変わる」

「何があってもなんとかなる」

などを唱えることをオススメしています。

不安を感じたときは、まずは、気持ちを落ち着かせるために、万能な効果のある言霊で魂のコンディションを整えてみてください。

そのうえで、特定の願いに対する言霊を使っていくとよいでしょう。

絶望を感じるときの言霊

私は、うつ病になった母親の介護をしていた20代半ばのころ、自分の可能性に絶望し、まるで出口の見えない、真っ暗なトンネルの中を歩いているような気持ちでした。

もしいま、そのように感じている方がいらっしゃったら、オススメしたい言霊が2つあります。

「天之御中主様《あめのみなかぬし》、お助けいただきましてありがとうございます」

1つ目は、斎藤一人さんが教えてくださった、「天之御中主様、お助けいた

だきましてありがとうございます」です。

天之御中主様とは、『古事記』の冒頭で天地が始まるときに出現した神様です。宇宙の大もとであり、私たちの魂は天之御中主様から分かれた存在だと言われています。

つまり、皆さまの魂を統括している神様に、「助けてくださってありがとうございます」と感謝を伝えるのですから、この言葉にパワーがないわけがありません。

ただひたすら、この言葉を唱えたら、

「それまで何十年も手放せなかったうつ病の薬が不要になった」

「やりたいこともわからずにアルバイト生活を続けていたのが、知人のアドバイスで心から楽しめる仕事にめぐりあった」

「長い間、介護が必要だった親が回復して自力で動けるようになった」

などの、たくさんのミラクルが起こっています。

「毎日、あらゆる面でどんどんよくなっていく」

2つ目は、「毎日、あらゆる面でどんどんよくなっていく」です。

この言葉は、フランスの著名な薬剤師であり心理学者でもあった、エミール・クーエの言葉としてとても有名です。

エミール・クーエは暗示療法の創始者ともいわれ、あらゆる病気の人にこの言葉を唱えさせて、驚異的な治癒率を誇りました。

健康に悩みがある人だけでなく、「人生をよくしたいのに、どこから手をつけてよいかわからない」「八方ふさがりで、何と唱えたらよいか見当もつかない」という人は、とにかくすべてが少しずつでもよくなるように、この言葉を繰り返してみてください。

どこかで糸口が見つかり、光が見えてくるはずです。

もし、この2つの言葉がしっくりこない場合は、「なんでかわからないけど、すべてはうまくいっている」もオススメです。

この言葉を、

「なんでかわからないけど、お金持ちになった」
「なんでかわからないけど、理想的な人と結婚できた」
「なんでかわからないけど、母親の病気がすっかり回復した」

などと、あなたの状況に合わせてアレンジするのもよいでしょう。

「なんでかわからないけど〜」とすることで、常識や思い込みから生まれるメンタルブロックをスルッと通過して、魂にホンネの願いが届くからです。

言霊で身近な人も幸せにする！

大切な人が病気で苦しんでいたり、仕事がうまくいっていなかったりするとき、「言霊の魔法を、その人に届けられないでしょうか？」という相談をよく受けます。

また、自分がどんどん幸せになるので、家族の人生もよくしてあげたいと考える方もいます。

じつは、**言霊は身近な人たちにも働きかけます。**

よい言霊の波動は、あなただけでなく身近な人にも働きかけるからです。

私が、「ついてる」を1日1000回繰り返したことで、母親のうつ病が回復したことはお話ししましたね。

お子さんが受験をするときに、「第一志望の大学に合格しました、ありがとうございます！」とお母さんが唱えていたら、無事に希望の大学に合格した。

コロナ禍の緊急事態宣言で、飲食店を閉めざるをえなかった店の主人の配偶者の方が「大丈夫、なんとかなる」と言い続けたら、営業時間は短くなったのに売り上げは以前よりもよくなった。

……このような例は、数え切れないほどたくさんあります。

言霊でまわりも幸せにするためのポイントは、相手に「こうなってほしい」「変わってほしい」という、あなたの希望を押しつけないことです。

相手とあなたの希望が一致している場合はよいのです。

たとえば、ダンナさんの病気がよくなってほしいと、あなたもダンナさんも願っているのであれば、「驚くほどスムーズに病気が治りました」「すっかり回復して、絶好調です」などと繰り返し唱えることが、回復につながるでしょう。

また、「A大学に合格したい」と子どもが思っているのであれば、「A大学に合格しました、ありがとうございます！」と、お母さんが繰り返すのは、強力な後押しになるでしょう。

けれど、たとえば、子どもはB大学に入りたいのに、親が勝手に「A大学に入学できました、ありがとうございます」と願うのはオススメできません。

「自分が考える相手の幸せ」を相手に押しつけるのは、エゴになりかねないためです。子どもの望まない結果をあなたが望んでしまうと、本人はよかれと思って唱えた言霊でも、悪い結果を引き起こす「悪い言霊」となってしまう可能性があります。

自分が考える幸せと相手の望む幸せが異なる場合は、「ありがとう」や「なんとかなる」など、万能なよい言霊を唱えましょう。

そうすることで、あなたと相手にとってベストな状況が用意されるはずです。

Column

コーヒーブレイク♪

3

「好転反応」の乗り越え方

東洋医学では、漢方薬やマッサージなどで症状を改善する過程で、頭痛や倦《けん》怠感《たいかん》などの症状が出て、一時的に悪化することを「好転反応」と呼びます。

じつは、**言霊を始めると「好転反応」が出る方が少なからずいらっしゃいます。このことを知らずにいると、「せっかく、言霊を始めたのに、イヤなことばかり起こるようになった」とやめてしまう場合が少なくないのです。**

「好転反応」には、肉体的なものと精神的なものの2種類があります。

まず、**肉体的な好転反応では、やたらと眠くなり、だるくなった、といった症状がみられます。**また、便秘や下痢、湿疹が出たなどもよく聞きます。

精神的な好転反応では、過去のつらい記憶が呼び起こされた、という方が多

くいらっしゃいます。

たとえば、「フラれた彼氏との別れの場面」「子どものころ、悪いことをして押入れに閉じ込められた場面」「仕事でミスをして、皆の前で上司に叱られた場面」といった、思い出したくない記憶がよみがえったりします。

もしも、肉体的な好転反応が現れたときは、いったん、言霊を休むことをオススメしています。様子をみながら再開すればよいでしょう。

精神的な好転反応が現れたときは、「まずは、落ち着いてください」とお話ししています。驚き、怖くなって言霊をストップしてしまう方が多いのです。

でもこれは、**言霊の作用がしまい込んでいた記憶に触れて、改めて浄化しようとしていることのシルシ**なのです。

もしも、つらい記憶がよみがえったら、まずは「あ、これが好転反応なんだな」と気づいてあげましょう。そして、「あのときは、ほんとうに大変だったね。よくがんばったね」と、自分を認め、慰めてあげましょう。

これを繰り返すうちに、苦しかった記憶が解消していくでしょう。

言霊を続ける障害が生じてしまうのも、「好転反応」の1つです。

たとえば、

「言霊を始めたら、〝何か宗教にハマってるのか？〟と言われました」

「〝そんなことで人生が変わるわけがないだろう〟って親に言われたんです」

などのように、まわりからネガティブな反応を受けることがあります。

とくに、**神様とのシンクロ率が大きく変化するころに現れやすいようです。**

これは、「あなたは、ほんとうに変わりたいのですか？」と、魂から問いかけられている「お試し」だと私は考えています。

何か障害が起こったら、「あ、これが〝お試し〟なんだ」と思って、まずは落ち着いてくださいね。

その他にも、「こんなできごとが起こった」という報告があります。

「臨時収入があったと思ったら、電化製品が壊れたりして出費がかさんだ」という相談者さんがいました。

この方は、「そろそろ買い替えるべきだったのかな?」と思いながらも言霊を続けていたところ、そのあとにさらにまた追加の臨時収入があったと言います。

また、「言霊を始めて3週間くらいで、メインだったクライアントさんと契約解除になった」という方もいらっしゃいました。

最初は不安でたまらなかったけれど、それでも「なんとかなる!」と言い続けていたら、素晴らしい方との出会いがあったそうです。それからもよい縁に恵まれて、結局は以前よりも時間に余裕ができて収入もアップしたそうです。

言霊を続けていると起こる、こうしたできごとは、「好転反応=もっとよくなるために改善したほうがよいことを気づかせるために起こる」と私は考えています。

言霊を続けていれば、そのときは「なんで!?」と思ったとしても、あとからみれば、人生がどんどんよくなっているはずです。

第３章で紹介した言霊一覧

お金（仕事）に効果的な言霊

「今日も最高の１日になりました！」「神様の奇跡はアッサリ起こる」「やたらとよいことが起こる」「よいことしか起こらない」「私の存在は、関わる人を幸せにしていく」「なんとかなる！」「大丈夫、きっとうまくいく」「なぜだかわからないけれど、お金がザクザク入ってくる」「すべてが成功に導いてくれる」「神様！　私を神様の道具にお使いいただきありがとうございます」

健康に効果的な言霊

「胃腸さん、いつも、食べ物を消化してくれてありがとう」「すっかり元気な黒髪になりました、ありがとう」「何を食べても、53キログラムを維持しています、ありがとう」「なんとかなる」「神様の奇跡が起こる」「絶対、大丈夫！」

人間関係（愛情、家族）に効果的な言霊

「運命のパートナーにふさわしい女性になりつつあります」「ありがとう」「幸せ」「なんとかなる」「うれしい！」「楽しい！」「大好き！」「○○さんのもとに、たくさんの幸せが訪れます」「大丈夫」「きっとよくなる」「運がよい」「愛しています」

言霊を唱えるのがつらいとき

4つの言葉（「ありがとう」「ごめんなさい」「許してください」「愛してます」）を唱える「ホ・オポノポノ」

ダメな自分を変えたいと思っているとき

「そのままで価値がある」「私は私でよい」「これでよかった」「もっと自分を愛します」「そのままの自分を許します」

自分で自分を縛っていると感じるとき

「心の鎖がどんどん外れていきます」「少しずつ心が解放されます」「自分を許します」

がんばりすぎてつらいとき

「そのままでOK」「がんばらなくても、大丈夫」「私はよくがんばっている」「楽しんでいると夢は叶う」「人生は喜びであふれている」「よいことしか起こらない」「みるみる好転していく」「望んだ以上の人生になっていく」

もっと幸せになりたいとき

「もっと幸せになっていい」「お金に恵まれ、豊かになるのは私の義務です」「幸せは続くよ、どこまでも♪」

奇跡が信じられないとき

「すごいことはアッサリ起こる」「奇跡がたくさん起こってよい」「これからどんどん、奇跡が起こる」「奇跡は何度でも起こせる」「ステキな奇跡を引き寄せる」「毎日が奇跡の連続です」

行き詰まりを感じるとき

「神様、どうかチャンスを与えてください！」

漠然とした不安を感じるとき

「何があっても大丈夫」「すべてがよい方向に向かう」「このことはきっとよいことに変わる」「何があってもなんとかなる」

絶望を感じるとき

「天之御中主様、お助けいただきましてありがとうございます」「毎日、あらゆる面でどんどんよくなっていく」「なんでかわからないけど、すべてはうまくいっている」

第　4　章

シンクロ率70％以上
⇒神様共鳴ゾーン

人生にもっと
ミラクルを
引き寄せましょう

言霊で人生を
もっともっと輝かせる！

いよいよ最終段階の第4章では、もっと神様とシンクロするための、「プラスアルファで言霊効果が倍増」する考え方やテクニックをお伝えします！

「神様とのシンクロ率チェック表」で、70％以上の「神様共鳴ゾーン」だった方。そして、第1章からここまで読み進め、ワークを実践してきた方は、神様とのシンクロ率が格段にアップしているはずです。

この段階に来ると何が起こるのか。

まず、見える世界が前とは、ずっと大きく変わってきているはずです！

これまで見ていた景色と同じものを見ているはずなのに、まるで画像の解像度が何万倍もアップしたように、クリアでキラキラと輝いて見えてきたり、笑顔になる回数や、自然と思いやりのある言葉が出てくる回数が増えてきたりしているはずです。

そして、1日に何度もおだやかな心で、「幸せだなぁ」と感じる時間が増えてきているでしょう。

もちろん、問題が何も起こらなくなるわけではありません。
しかし、たとえ予測しない何かが起こったとしても、落ち着いて前向きにとらえ、魂からのインスピレーションを活用してクリアできるはずです。

さらに、「ありのままの自分」「いまある自分」にOKが出せるようになるので、自分を飾らず、誰とでも自然体でコミュニケーションできるようになります。

魂と仲良くなっていますから、部屋をキレイにしたり、不要なものを速やかに処分したりといった、居心地のよい暮らしが身につきます。

目の前のことに追われる生活から、ゆとりを持って自分の内面や人生について考える時間を持てるようにもなるでしょう。

そして、**もっとも大きな変化は、ミラクルが起こる回数が多く、実現するスピードも速くなっている**ということです。

「ミラクルは起こってあたりまえ」と感じられるようになれているでしょう。

さらに、第4章のコツを実践していただければもっともっと、「人生がミラクルに包まれて、ミラクルは起こってあたりまえ」――そんな状態に誰でもなれますよ。

とっておきの最強言霊は「自分の名前」

私が皆さまに一番大切にしてほしいと考える「最強の言霊」は何だと思われますか？

「最強の言霊」は、ほかのどんな言霊よりも、あなたの人生をより豊かに、幸せにしてくれます。

私も、大きな成功をおさめたビジネスパーソンの方から教えていただいてから、その絶大な言霊効果を実感しています。

「ありがとう」？　それとも、「なんとかなる」？

じつは、**あなたにとっての最強の言霊とは、あなたの名前なのです。**

「え、自分の名前？」と不思議に思った方も少なくないかもしれませんね。でも、私はこの方から「とにかく、自分の名前を大切にしなさい」と教わりました。

なぜなら、1人ひとりの名前には、ご両親の思いや願いが込められているからです。

お子さんをお持ちの方なら、経験があるかもしれません。子どもの名前を決めるために親は画数を調べたり、尊敬する人の名前から一文字とってみたり、歴史上の人物の名前をつけたり、一生懸命に考えることが多いですよね。

じつは、私自身、誰が名付けてくれたのかを知ったのは、30歳を過ぎてからです。あるときふと、母親に、「自分の名前は、誰がつけてくれたの？」と聞いたところ、「お父さんよ」と言われ、驚きのあまり、マンガでよく見るようにアゴがはずれそうな気持ちになりました。

どうしてかというと、私は29歳まで父親と仲が悪く、ときには憎しみを感じるほどだったからです。

母親によると、父は、長男の私が生まれることが楽しみで、「自分が名付けたい」と言ったそうです。そして、あれこれ考えた結果、父の親戚で歯科医をやっていて、地域で非常に尊敬されている方の名前をいただいたそうです。

あの人のように、たくさんの人に慕われますように。

愛に満ちあふれ、尊敬される人になりますように。

そのような願いが込められていると知って、私は父の見方がガラリと変わりました。


父親は、**生まれる前から自分を愛してくれていた**。

そう考えられるようになってから、以前とはうって変わって父を受け入れられるようにもなりました。


よく、「自分の名前があまり好きではないんです」という方がいらっしゃいます。

それはもしかしたら、自分に自信が持てなかったり、ご両親のことが好きでなかったりするからかもしれません。そんな方こそ、もしまだ、ご自分の名前の由来を知らなければ、ぜひ、ご両親にたずねてみてください。

たとえいまは、ご両親とうまくいっていなくても、「**自分の名前は、このよ**

うな考えでつけられている」と思えれば、見方も変わってくるかもしれません。

日本人にとっての最強の言霊は、「ありがとう」であることは間違いありません。でも、あなただけに効果のある、あなただけの最強の言霊は、「あなたの名前」。

まさに、とっておきの言霊なのです！

自分の名前を大切にすれば、少しずつ人生が好転していきます。

日ごろから、「まさ」「ともみ」「こうた」「りえ」「えな」「じゅんこ」「きみこ」「しずか」などなど……。

自分の名前を口にするようにしてみましょう。

申し込み用紙や契約書などで自分の名前を書く機会があるときは、心を込めて丁寧に書いてみてくださいね。

〝雨の日〟の受け入れ方

言霊の基本的な法則を身につけた方に、さらにもう1歩、感謝体質を深めるコツをご紹介します。

それは、**ネガティブだと思うことも、そのまま受け入れることです。**

「どういうこと？」と思われる方もいらっしゃるかもしれませんね。

1年365日、毎朝、毎晩、どのような瞬間もポジティブでいなければいけないと考える必要はない、というのは、お話ししましたね。

ネガティブな悪い日だってあるのが人生です。ついつい悪い感情を抱いてしまったり、悪い言霊を言ってしまったりすることがあります。そうしたときは、「キャンセル」すればよいというのを第2章でお話ししました。

けれど、ずっと「悪い日」だと思っていた日が、「見方によっては、そもそも悪い日ではなかったのかも」と思えることがあります。

ぜひ、このように考えてみてください。

「ポジティブな状態」を天気にたとえるなら、ピカピカの晴天です。

このとき、「薄曇りや雨はネガティブな悪い日、台風や雪は論外」と考えてしまうのは、少しもったいないと思うのです。

曇っている日は、気温がおだやかで過ごしやすい。

雨が降れば、湿気で肌は潤うし洗車の代わりにもなります。

日照り続きだと水不足になって、おいしいお米を食べることができなくなる可能性があるとしたら、雨だって必要ですよね。

沖縄では、台風が来ると海水がかき混ぜられて海水温が下がり、サンゴ礁が元気になると考えられています。

このように、見方を変えると曇りにも雨にも台風にも、よい点はあるのです。

もちろん、私だって雨が大好きなわけではありません。

でも、「イヤだな」と思っても、天気を変えられるわけではないのですから、よい側面を見つけることで、心をおだやかに保つことを考えてみましょう。

私はこうした考え方を「ポジティブ思考」だとは思っていません。

すべてを受け入れる「受容思考」だと考えています。

「受容思考」とは、たとえ一般的には悪いとされることが起こったとしても、それを拒絶せずに、受け入れる考え方のことです。

天気だけでなく、人生では一見するとネガティブなこと、マイナスなことが起こります。でも、そのときに、「イヤだな」と拒絶せずに、「これは、何を自分に教えてくれているのだろう」という視点で見ることができれば、あらゆることが自分の宝に変わります。

成功した経験は、自信をもたらしてくれ、人生のお守りになりますが、一方で失敗やネガティブな経験も、学びや気づき、そして教訓になります。

こうして、起こることをすべてそのまま受け入れられるようになっていくと、神様とのシンクロ率はますます高くなっていくのです。

ただし、神様とのシンクロ率がまだ70％以下の方の場合は、ある程度ポジティブを意識したほうがよいでしょう。

コップに入った泥水にたとえたように、ポジティブな言葉をたくさん注ぎ込んで、クリアな状態に早く近づけることで、神様とのシンクロ率は高まるからです。

これは、シンクロ率が70％以上になった方が、さらにシンクロ率を高めるための考え方だと思ってください。

すべては難しいとしても、少しずつ、これまで「悪いできごと」だととらえていたものが「じつは悪くない」となることを目指してみましょう。

人生は100％幸せでよい！

神様とのシンクロ率が70％以上になると、ミラクルが起こる回数が増え、願いが叶うスピードもどんどん速くなってきます。

けれど、そのまま100％の幸せに向かわずに、自分でストップをかけてしまっている方がじつは多いのです。

人生が「100％幸せなのはありえない」「よいことも悪いことも半々」「山があれば谷もある」と無意識のうちに思ってしまっているからです。

そのように考えている方は、幸せが続くと、「いつか不運なできごとがあるにちがいない」と怖くなり、ネガティブなことに意識を向けてしまいます。そして、よくないできごとがあると、「あ、やっぱり」と納得し、不幸を受け入れてしまうのです。

目覚めてくれた魂は、「あなたにとってよいことだけを起こそう」としてくれています。ぜひ、そのことを信用してあげてほしいのです。

私は、この本を手に取って読み進めてくださったあなたに、**「人生は100%幸せでよい！」**と伝えたいと思っています。

私の両親の世代は、清貧が美徳であり、他人より豊かになろうとするのは「強欲な人」だと考えられていたと聞いています。

私も、「忍耐、苦労、努力を何十年も重ねたあとに、やっと幸せになれる」と親から教えられていたため、27歳になるまでは、その価値観を受け継いでいました。

「つらく、苦しいことを耐え忍んで人間は成長する」「人生は修行」などと思っていたため、ほんとうにつらく、苦しいことばかりが押し寄せてきていたのです。

でも、27歳で斎藤一人さんの本に出会い、「喜びや楽しみを基準に選んでよいんだ！」と目覚めてからは、人生で楽しい、うれしい、幸せで豊かなことしか引き寄せなくなりました。

魂が教えてくれる、「これは好き」「これは苦手」に従っていく中で、あなたにぜひ、100％幸せな人生を送っていただきたいのです。

まわりに心配性の人がいるときの注意

第3章で、言霊は身近な人たちにも働きかけ、まわりを幸せにすることができるとお話ししました。

じつは、その反対に、**まわりの人たちのネガティブな言霊の影響を受けることもあるのを、ここでお伝えしておかなければなりません。**

たとえば、病気がよくなるように「ありがとう」を繰り返しているそばから、「そんな言葉を唱えていても病気は治らない」と、言霊を否定されてしまう。

また、言霊を否定しているのではなくただただ心配をしているのだとしても、「もうこの病気は治らないかも……」「こんな治療をしていても苦しいだけ」「無駄なことをしても仕方ない……」など、**まわりにいる心配性の方がネガティブな言葉をどんどん投げかけてくる場合があります。**

そのような状況では、言霊の結果がなかなか出ないことがあるのです。

このようなときにできるのは、**ネガティブな言葉を受け流して、1人で淡々と、言霊を唱え続けることです。**「言霊」への風当たりが強いときは、「言霊」を唱えていることをその人と共有する必要はありません。

もしかするとあなたの中には、家族やまわりの大事な人と、言霊を共有したい気持ちがあるかもしれません。

けれど、もし相手があなたと違う考えを持っているのであれば、ムリにわかってもらおうとしたり、考えを変えようとしたりする必要はないのです。あなたの波動が変わっていけば、知らず知らずのうちにまわりも巻き込まれていくからです。けっして、焦らなくてもよいのです。

ただし、とくに、体調を悪くしてしまって「この先どうなるかわからない」ときや、事業の失敗などで金銭的に困窮しているときなどの、せっぱ詰まった状況では、まわりからネガティブなエネルギーを受けたくないでしょう。

そのようなときは、**勇気を出して、この本などを相手に見せて、「心配しないで、私のやることを応援してほしい」と伝えることをオススメします。**

言いにくいかもしれませんが、「心配」でなくて「信頼」してもらい、「否定」ではなく「肯定」してもらえれば、相手はあなたの助けになるでしょう。

#「予祝」でどんどん願いを叶えていく！

日本では、春に桜が咲くと、花の下でお酒を飲んでお花見をします。**じつはお花見は、古来から私たちが実践していた、願いを叶えるための方法だったということをご存じでしょうか。**

満開の桜を「秋に黄金色の稲が実った状態」に見立て、先にお祝いすることで、お米の豊作という、「願いが叶った状態」を引き寄せようとしたのです。**先に祝うことで、願いが叶った状態を引き寄せるので「予祝《よしゅく》」と呼ばれています。**

ちなみに盆踊りも同じ考えで、夏に喜びのダンスをして、秋の収穫を呼び寄せている「予祝」なのです。

プロスポーツ選手は、ホームランを打ったりシュートが決まったりする場面を何度も繰り返しイメージするといわれています。現実に成功したときに働く脳の部分と、イメージしているときに働く脳の部分はじつは同じなので、成功する働きを脳に覚えさせて、成功する現実を引き寄せようとしているのです。

この、脳の働きと同じように、じつは、**魂も現実と想像の区別をしていない、という特徴があります。**そのため、あなたが「豊作になった！」という未来を描き、満開の桜の花の下で喜んでいると、その状態を叶えようと魂もせっせと働き始めます。

つまり、**「どうなりたいか」をイメージし、「すでにそうなった」と喜んで「予祝」すれば、魂はどんどん「すでにそうなった」状態を実現しようとしてくれるのです。**

私はよく相談者さんに、**「今日から1年後、〝最高の未来〟になっていたら、あなたはどのような状態か」**ということをイメージしてもらいます。

どのような仕事をしていて、どのような家に住んで、どのようなパートナーとどのような暮らしをしているか、どのようなクルマに乗っているか、趣味は何かなど、理想の状態をこと細かに想像してもらうのです。

それから、たとえば1年後、偶然、街で友だちにバッタリ会ったというシチュエーションを想像して、「ひさしぶり！　最近どう？　何しているの？」と聞かれたら、「こんな暮らしをしているんだよ」と、理想の状態を話してもらいます。

たとえば、

「ひさしぶりね！　私はいまハワイに住んでいて、オンラインでカウンセリングの仕事をしているの」

「今日はたまたま仕事で東京に来ていて、これから夫とご飯を食べに行くのよ」

「カウンセリングの仕事は、クライアントさんの人生を変えるやりがいのある仕事なの」

「おかげさまで事業は順調で、週に3日働くだけで年収は会社員時代の10倍になったの」

「夫は投資家だから、パソコンさえあれば仕事もできるし、2人でいつもあちこち旅行しているの」

などなど、思いつく限りの最高の状態をイメージして話してみましょう。


これは親友やパートナーとペアで行うのがオススメです。

お互いに心も体もポカポカしてくるのを感じられるはずです。


もし、一緒に行う方がいなければ、自分で話した声を録音し、毎日、繰り返し聞くとよいでしょう。もしほんとうにすべてが叶ったら、どのような気持ちになるか、どれだけ幸せか、をしっかりイメージするのが最大のポイントです。

先に喜び、未来を祝福することで、魂が同じ状況を引き寄せてくれるのです。


もしかしたら「予祝」は、第3章でご紹介した「過去完了形+感謝」に似ていると思う方がいらっしゃるかもしれません。

「予祝」では、喜びを先取りする点が特徴です。

私の感覚では「予祝」は、お花見や盆踊りのように、そのときにたくさん楽しむことが大事です。楽しい気持ちが魂にも伝わることで、魂の波動が神様に近づき、願いが叶いやすくなるのです。

究極のコツは「生」への感謝

「感謝体質」になることは、神様の波動に近づきミラクルを起こしやすくする、最大のポイントの1つだと第2章でお話ししました。

身の回りのあらゆることを「あたりまえ」だと思わず、**あらゆることに「有り難い」側面を見つけ、感謝を続ける。**

そうすると、幸運が持続します。

そして感謝の中でも最強の感謝が、じつは、「生かされていることへの感謝」です。

私は30歳近いときに、「生かさせていただき、ありがとうございます！」と唱えると人生が大きく好転するよ、と尊敬する方から教わり、それ以来、唱えることを続けています。

私たち1人ひとりが生きているのは、それだけでとても奇跡的なことです。

人間の体では、私たちが意識しないうちに、

「空気から酸素を取り込んで、全身の細胞に送る」

「食べ物を消化して、栄養として活用する」

「いらないものを回収して排泄《はいせつ》する」

など、24時間「私たちを生かす」ための魔法のようなしくみが働いています。

私たちは、**全員が、神様から「幸せになるように」という指令を受けて、こ**

の世に生を受けています。人間が幸せになるために、体はどのようなことがあってもつねによい状態を維持するように働き続けていると考えれば、「今日も生かさせていただいて有り難い」と思えるでしょう。

何も起こっていないように思えるこの瞬間も、じつは神様からのプレゼントなのです。

そして、「生かさせていただき、ありがとうございます！」と唱えるのは、魂や神様だけでなく、命をつないでくれたご先祖さまにも感謝することになります。

あなたは、ご先祖さまを20世代くらいさかのぼると、どのくらいの人数になると思いますか？

まず、あなたのご両親とおじいちゃん、おばあちゃんだけでも6人、ひいおじいちゃん、ひいおばあちゃんまでたどると、合計14人となります。

そのままさらにさかのぼると、30人、62人、126人……と増えていき、10

世代前までの合計は2046人にもなります。そして、20世代前までさかのぼると、なんとトータルで209万7150人にもなるのです。

この約200万人のうち、誰か1人が欠けてしまっても、あなたの命はこの世には生まれなかったのです。そう考えると、ご先祖さまがつないでくれた、命のバトンの貴重さを感じてきませんか……？

ありのままに生きていられるだけで有り難いと思えれば、自分の存在を認めることにもなるでしょう。

目には見えない、ありとあらゆる存在から応援してもらえ、サポートしてもらえる最強の感謝の言霊が、「**生かさせていただき、ありがとうございます！**」なのです。

Work ⑦ 20％のコンディションでも「今日も絶好調！」

では、ここからは、もっともっと神様とシンクロするための、究極のワークを紹介していきましょう。第4章まで読み進め、神様とのシンクロ率が高まっているあなたは、言霊の効果を実感しているはずです。

ここではまず、恋愛、仕事、お金など、あらゆる面で絶好調になるためのワークを紹介します。

それは、どのような状況にあっても、「毎日、あらゆる面で絶好調です！」と唱えることです。

私がそうお伝えすると、「でも、絶好調じゃないのに、〝絶好調〟ってウソにはならないのですか？」と聞かれることがあります。

第3章では、シンクロ率が高まってきた人は、ホンネを拾ってしまいやすい「逆暗示」に注意のお話をしました。

けれど、**このワークは「逆暗示」やウソにはなりません。**

心の中のホンネではネガティブだととらえているものを「絶好調！」と思い込むのではなく、見方を変えて、**その状態のままでも「もしかしたら、これは絶好調なのかもしれない」「これが絶好調なんだ」ととらえてみるためのワークだからです。**

先ほど「受容思考」のお話をしました。その思考と同様に、ものごとの見方を変えて、心の中のホンネ自体を変えるためのワークなのです。

「毎日、あらゆる面で絶好調です！」と繰り返すことで、いまの状態で絶好調な部分に気づく、「よいこと探し」が自然とできるようになります。すると、いまある瞬間が「ほんとうに有り難いんだな」と実感できるようになるのです。

斎藤一人さんは、**「体調でも、仕事でも、たとえ〝20％だな〟と思う日でも絶好調と言う」**と言っています。

「100%=絶好調」ではなく、「20%でも絶好調でいいんだ」と思えれば、心がラクになりますよね。

また、先に「絶好調」と言い切ることで、魂が「そうか、絶好調なんだな」と、絶好調になるためのパワーを授けてくれるのです。

そのおかげで、斎藤一人さんの経営する事業は、世の中の経済の状況がどれほど落ち込んでも右肩上がりで成長し続けているのだと思います。

言霊は人生をついてる状況に、少しずつ導いてくれます。

言葉どおりの現実は、時間差で起こります。

まずは、「絶好調！」と繰り返すことで、絶好調な日々に近づいていきましょう。

Work ⑧

嫌いな人の幸せを願って自分も幸せになる

誰にでも「苦手な人」が、身の回りに1人や2人はいるはずです。

そのようなときに、ついやってしまいがちなのが、「どうしてあの人はいつも、見下した言い方をするのかしら」と悪口を言ったり、嫌いな上司に対して、「あんなヤツ、どっかに飛ばされればいいのに!」と相手の不幸を願ったりしてしまうことです。

でもじつは、悪口などの悪い言霊を口にしたり、人の不幸を願ったりすると、**悪い言葉の波動があなたの苦手な人の持つ「苦手部分」の波動に同調してしまい、その人から離れられなくなってしまうのです。**

そこで、ぜひやっていただきたいのが、「**嫌いな人のことほど、その人の幸せを願ってあげること**」です。

心を込められないときは、

「○○さんが、今日もよい1日を送れますように」

「○○さんのもとに、たくさんの幸せが訪れますように」

「〇〇さんの、健康と幸せに感謝します」

などの言霊を唱えるだけでも大丈夫です。

苦手な相手の幸せを願い始めたら、その人が別の部署に異動になった、チームメンバーが替わった、その人の態度が変わった……などの報告をたくさんいただいています。

第3章でも、人間関係のトラブル解消の言霊として紹介しましたが、とにかく効果は絶大なので、ぜひ試してみてくださいね。

また、嫌いな人と接すると、心がもやもやして自分自身が苦しくなってしまうことが少なくありません。**そのようなとき、心をおだやかに保ち、人間関係をよりよく変える言霊に、仏教界に伝わる「慈悲の瞑想《めいそう》」があります。**

「相手の幸せを願う」テクニックと似ていますが「慈悲の瞑想」は、まず自分や自分と親しい人、そして生きとし生けるものすべての幸せを願うところから始めます。

どうしても、嫌いな相手の幸せをいきなり願うのは抵抗がある……。

そのような場合は、この「慈悲の瞑想」から始めてみると、心が解きほぐされてやりやすいと思います。インターネットでも調べられますので、ぜひ見てみてください。

私は一時期、毎晩、プリントアウトした「慈悲の瞑想」を寝る前に読み上げていました。そのおかげで、幸せを感じる時間が増えて、よい言霊が自然と口をついて出るようになったと実感しています。

こうして「嫌いな相手の幸せを願う」ことで、相談者さんの中には、最初は半信半疑で唱えていたけれど、だんだん苦手な上司との関係がギクシャクしなくなり、ときには缶コーヒーの差し入れをもらうまでになった人がいます。

願いが叶ってその上司が異動になったときは、「なんか少し、寂しいです」と言うほどに関係が改善していたそうです。

また、魂は自分と他人を区別しないとお話ししましたね。誰かの幸せを願うことはそのまま、自分の幸せを願うことにも直結するのです。

Work ⑨ 圧倒的な効果「言霊ワンデイチャレンジ」

もし、ここまで読み進めてワークも実践してきたのに、言霊の効果がイマイチ……という方に、圧倒的にミラクルが起こる方法をご紹介しましょう。

それは、**「ありがとう」の言霊をノンストップでたくさん唱え続けることです。**目安は、回数でいうと2万回以上、時間でいうと4時間以上唱え続けることです。

第1章で、言霊を唱えることとは、コップに入った濁った水の中にきれいな水を注ぎ込むようなものだと説明をしました。**このワークは、ノンストップでた**

くさんの言霊を唱えることで、きれいな水をいっきに注ぎ込むものだとイメージしてください。これにより、短期間でも魂のコンディションを大きく変える効果があります。

私は27歳のとき、ある休みの日に朝の7時から始めて、11時半までの4時間半をかけてこのワークを行いました。すると、終わったときには涙が止まらなくなり、呼吸困難になりそうなくらい泣き続けてしまったのです。

私の場合、そのとき頭に浮かんだのは、両親への感謝でした。

「お母さんは、痛い思いをして私を産んで、20年以上も育ててくれたんだ」

「お父さんは、つらい思いをしながら、自分たちを養うために必死で働いてくれていたんだ」

という気持ちが湧き出てきて、2時間くらい涙が止まりませんでした。

先ほど、父と仲が悪かった時期があるとお話ししました。27歳の当時は、互いの接触を拒むほど仲が悪かった父ですが、それでもその父への感謝の感情まで湧き出てきたことには、私も大変驚きました。


このワークを実践した方の多くから、あらゆる感情が湧き出てきて、同じように涙が大量に流れたという報告を聞いています。

ただし、念のためにお伝えしたいのが、「涙を流すことが目的ではない」ということです。涙が流れないと失敗、というわけではありません。

これだけの時間をかけて「ありがとう」をたくさん唱えることに価値があるのです。たくさんの感謝を唱え続ければ、誰でもいっきに感謝体質に近づくのですから。

このワークのポイントは、「途中で中断しないこと」です。

そのため、4~5時間ほどの時間がとれて、誰にもジャマされない環境にあるときに行うのをオススメします。

ただし、もちろんトイレ休憩や、水分補給などの中断は大丈夫です。

また、このワークを行っている間に、つい人の悪口などが思い浮かんだり、「あ、今週の支払いどうしよう?」などと別の考えに気をとられたりしたら、「**いまのナシナシ、キャンセル!**」と、リセットしてからすぐに続けていきましょう。

私の体験や相談者さんたちの経験から総合して判断すると、私は1時間以内であればキャンセルは可能だと考えています。

できるだけ不平不満や不安や心配ごとを考えることなく、言霊ワンデイチャレンジをやり遂げてみてください。

Work ⑩

1日に4回「ありがとう」を言ってもらう

じつは、この世は「自分から差し出したものを受け取る」しくみになっています。

笑顔やよい言葉などを発している人のまわりには、同じような波動のできごとや人が集まってきます。

ですから、よい言葉、感謝の言葉を誰かに投げかけていると、自分が発した以上にたくさんのよい言葉、感謝の言葉を言われるようになっていくのです。

誰だって、「人に何かしてもらおう」「与えてもらおう」とだけ考えている人のそばには近寄りたくないものです。

ここでは、あなたがさらに豊かさを受け取るために、自分から感謝を差し出すワークをやってみましょう！

1日に4回、誰かから「ありがとう」と言ってもらえることをしてみましょう。

ぜひ、ゲーム感覚で始めてみてください。「これで、もっと人生がよくなるかな？」といった損得勘定でも、お試し感覚での挑戦でも大丈夫です。

「ありがとう」と感謝されるために、あなたは、「ありがとう」と言われる行動を差し出す。つまり、笑顔で話しかけたり、相手をほめたり、誰かのためになることをしていきます。

たとえば、

・電車の中で、高齢者に席を譲る
・自分の仕事が早く終わったら、同僚の仕事を手伝ってあげる
・記念日でなくても、パートナーに花を買って帰る
・笑顔のすてきな店員さんをほめる
・いつもお世話になっている、ヘアサロンの担当者にチョコを差し入れる

……などなど。積極的に人に喜ばれる行動をとってみましょう。

言霊は、自分で唱えるだけなら1000回でも1万回でもできます。

しかし、「ありがとう!」と言われるためには、人に働きかけなければなりません。このワークを続けていくことで「人に喜ばれる存在になると、どんどん豊かになっていく」と実感できるでしょう。

自分にムリなくできることで、週に1日からでもよいので、ぜひ試してみてくださいね。

Column
コーヒーブレイク♪
4

それでも「奇跡が起こらない」と悩むあなたへ

この本では言霊の奇跡を実感していただくために、

「理想のパートナーと結婚した」

「大切な人の不調が回復した」

「予想もしなかったところから、必要なお金が入ってきた」

などの具体例をたくさん盛り込んでいます。


でも、あまりにも信じがたいミラクルの体験談の数々を耳にすると、

「こんなにすごいこと、私には起こっていない」

「私は何も変わってない」

「どうせ自分はダメなんだ」

と、少し戸惑いを感じてしまう方もいるかもしれません。

実際に、私が運営していた「言霊で人生を好転させるコミュニティ」に参加していたある女性は、奇跡的なできごとが起こっているほかの人と自分を比べて苦しくなり、「ｍａｓａさん。私は、言霊を唱えていても、皆さんのような奇跡は起こっていないし、報告できるようなことは何もありません。皆さんに申し訳ないから退会しようと思います」とおっしゃっていたことがあります。

そこで私が語ったのが、「**奇跡が起こらない自分はダメ**」**などと思ってほしくない**ということです。

あなたはいま、とても幸せなことに囲まれているはずです。
ご飯をつくる相手がいて、「おいしいね」と言ってくれる。
やるべき仕事があって、お給料をいただける。
「**言霊を唱えても奇跡が起こらない**」**のではなくて、**「**言霊を唱えているからこそ、こんなに幸せがあふれている**」**と考えてほしいのです！**

ある女性から、「ダンナさんのいびきに悩まされている」と相談がありました。

でも、ダンナさんがいなくなって初めて、「あのいびきが聞こえるから、安心して眠れていたと気づいた」と、涙ながらにおっしゃっていました。

同じように、具合が悪くなって初めて、健康の有り難みが身にしみることもあるでしょう。子どもの学費を払おうとして、改めて、それだけのお金を払える生活に感謝を感じることもあるはずです。

「いまはまだないもの」ばかりにフォーカスしないでほしいのです。

もしそれをなくしてしまったら、どう感じるか……。

そのような、あたりまえの日常の有り難みに気づいてほしいのです。

「言霊のおかげで、おだやかに暮らしています」

「毎日、平和に暮らせているのは、言霊パワーのおかげです」

そう思って過ごしていただくあなたにこそ、奇跡が運ばれてくるのです。

パッとおさらい！　第4章のまとめ

シンクロ率が70%以上になると、見える世界が変わってくる！

・ミラクルが起こる回数が多く、実現するスピードも速くなる

もっともっとシンクロ率を高めるコツ

・あなたにとっての最強の言霊は「あなたの名前」
・何が起こってもそのまま受け入れる「受容思考」
・ブレーキをかけずに「人生は100%幸せでよい！」
・心配性の方がまわりにいるときは注意
・先に祝うことで、願いが叶った状態を引き寄せる「予祝」にチャレンジ
・どんな日でも「今日も絶好調！」ととらえてみる
・嫌いな人の幸せを願って自分も幸せになる
・「ありがとう」を大量に唱えてデトックス
・「ありがとう」を差し出すことで「ありがとう」を受け取る

おわりに

すべてのできごとに「ありがとう」

この本は、あなたの人生を大きく変えるきっかけとなるはずです。

まるで、私が高校2年生のときに出会った「吉田先生」のように。


高校2年のクラスの担任だった吉田先生は、「松岡修造?」と思えるほどの熱血漢。


「できるできないじゃなくて、やるかやらないかだ!」

「自分が届かないようなゴール設定をしろ!」

「情熱を持ってたゆまぬ努力をすれば夢は叶う!」

といった話を、朝や帰りのホームルームでいつも語っており、最初は「暑苦しくてうるさいな」と私は思っていました。

おわりに

すべてのできごとに「ありがとう」

じつは私は、小学校6年生から中学3年生まで、いじめられていました。

運動も勉強もまるでダメで、自分にまったく自信が持てなかったのです。

そこで高校は、中学時代までの知り合いがほぼいない学校を選びました。

自分のことを知る人がいない環境で「変わりたい」と思ったからです。


高校に入ってからは、確かに、いじめはなくなりました。

でも、だからといって、目指す未来も目標もない私は、どうしたらよいかわからずに、ただぼんやりと学校に通うだけだったのです。


そのようなときにクラスの担任になったのが、吉田先生でした。

最初は、自分を変えたり夢を叶えたりする方法を毎日のように語る吉田先生の話を、「何を言ってるんだ？　この人」と思いながら聞いていました。

でも、少しずつ話に引き込まれている自分がいたのです。


そんなある日、放課後の教室で1人ボーッとしていたときのことです。

「どうした？　お前、帰らないのか？」

と声をかけてくれた吉田先生と、初めてじっくり話す機会がありました。

そこで私は、ずっと疑問に思っていたことを聞いてみることにしたのです。

「先生はいろいろなことを話してくれますが、あれってほんとうなんですか？　僕たら頭悪いですが、ほんとうに東京六大学に行けると思うんですか？」

と、少しだけ皮肉を込めてたずねてみました。

すると吉田先生は、私の目をまっすぐに見つめ、言いました。

「もちろんオレは、皆が六大学くらい、絶対に行けると思っているよ」

「1人ひとりには、才能のタネが眠っているんだよ」

そして、次に衝撃的な提案をします。

「オレがほんとうのことを言っているか、ウソをついているか、自分で試してみないか？　オレはお前がやれる人間だと思っているよ！」

そんなことを「大人」に真剣に言われたのは初めてだった、当時16歳の私は、心が震えました。

そして、「チャレンジしてみたいです！　自信はまったくないですけど……」と言ってしまったのです。

そこから、人生で初めて、目標ができて、スイッチが入りました。

吉田先生に「お前は正義感が強いから弁護士になれ！」と言われたので、偏差値も低く、まともに勉強もしたことがなかった高校2年生から、弁護士になるべく勉強をスタートしたのです。

途中でくじけそうになったことも1度や2度ではありません。そのたびに、吉田先生に相談し、最終的には私は志望大学の法学部に入学することができたのです。吉田先生の「お前ならできるよ！」という言葉は、私のお守りでした。

その言葉を支えに、最後までがんばることができたのです。

私は、ここまで読み進めてくださった、皆さま1人ひとりに、「**あなたも人生を変えられる**」「**あなたならできる！**」と、この本を通じて伝えたいのです。

そして、私にとっての吉田先生のように、この本が、迷ったときには何度も読み返してもらえる本、そして、そのたびに新しい発見があり、心の支えになるあなたのバイブルになってほしいと願っています。


願いを叶え、次々とミラクルが起こる人生にする。

そうなるために、一番大切な心構えの1つは、**すべてのできごとに「ありがとう！」と言えるようになる**ことです。


もし私が皆さまに、「いままでの人生の中で、一番つらかったできごとは何ですか？」と聞いたら、大切な人との別れ、死別、病気、リストラ、事業の失敗、両親が不仲だったなど、さまざまな答えが返ってくるでしょう。

たとえば、私の相談者さんの1人は、無職だったとき、生まれて初めてサイフをなくしたそうです。しかも、そのサイフの中には、普段は絶対に入れていない数十万円の現金が入っていました。

絶望して「死」が頭をよぎったけれど、無我夢中で就職活動を始めたそうです。すると、思ってもみなかった素晴らしい会社に、想像以上の待遇で採用されたのです。

私が「一番つらかった」のは、母親の介護をしていた3年間でした。

父とケンカをして家を飛び出し、正社員として働いていた会社を辞めてコンビニのアルバイトをしながら、貯金を取り崩して生活をしていました。

母のうつ病はいつ治るかわからず、「もう一生、病気と付き合っていくしかない」と医師に言われる中、7年間付き合った彼女とも別れ、ほんとうに真っ暗なトンネルの中にいるような気持ちで暮らす日々だったのです。

でも、いまとなってみたら、あのとき母の介護をすることがなければ、私は心理カウンセラーとしてこうして本を出版する機会はなかったでしょう。

当時勤めていた会社で、いまとは別の人生を送っていたかもしれないのです。

うっかり、自転車と接触事故を起こしたけれど、あれがなかったら、もっと大きな事故につながる乱暴な運転をしていたかもしれない。

あのとき、A校の受験に失敗したから、もっと受験生のためになる塾をつくろうと思って起業した……。

など、**ちょっと振り返ってみたら、誰にでも、「そのときは不運だと思ったできごと」に、思い当たるフシがあるかもしれません。**

私はカウンセリングをする際に、重い病気で苦しんでいる人にも、あえて**「何か1つでもよいので〝いま、こうなってよかった〟と思えることはありますか?」**とたずねます。

すると、

「いままでは、家族と過ごす時間があまりにも少なかったのに、皆で過ごすこ

とができている」
「自分の体の有り難さを実感し、以前よりも大切にケアできるようになっている」

などの答えが返ってきます。

もちろん、つらい状況のさなかでは、「どうして私が、こんな目にあうの？」と嘆き悲しむことが多いでしょう。すぐには、「あらゆるできごとはすべて、自分のために起こっている」とは考えられないかもしれません。

でも、ものごとをありのままに受け入れられる「受容思考」が少しずつ身についてくれば、つらく苦しいことの見方や解釈が変わります。

言葉を変えると、**つらく苦しいできごとは、あなたの魂を1段階、目覚めさせる神様からのギフトだと考えることができるのです。**

そして、時間が経つうちに、いままで起こってきたこと、すべてに「ありがとう」と言えるようになるでしょう。

すると、神様とのシンクロ率も高まり、世界がキラキラと輝き始めます。

そして人まかせだった人生を、自分の手に取り戻すことができるのです。

私は、大学受験の経験を通じて、

「自分がダメな人間なのは、親や社会のせいだと思っていた。でも、すべては自分の責任だったんだ！」

「できるできないではなくて、やるかやらないかなんだ！」

と気づいてから、手探りで少しずつ、人生を好転させてきました。

母親の介護をしながら、ゆっくり自分を見つめ、魂を目覚めさせてきました。


そして、この本でご紹介した「神様とのシンクロ率」を高めることを実践してきたことで、最愛の妻と出会い、天職を生きながら、願っていた石垣島での暮らしを楽しむことができています。母親の介護をしていたときには、想像もできなかった人生に、神様の力を借りてたどり着いたのです。

私は、神様に助けていただきながら、自分の実力以上の人生を送れていることに毎日、感謝しています。

私にだってできたのですから、あなたにも、もちろんできます。

「言霊」で、想像もつかなかったような幸せを手に入れていきましょう！


最後までお読みいただき、ありがとうございました！

いつか、あなたと直接お会いして、奇跡の体験談を聞かせていただくのを楽しみにしております。

心理カウンセラーｍａｓａ

7回の読書記録

私から、大切なあなたへお願いがあります。

この本は、1回読んで「いい本だったなぁ」「勉強になった」と思うだけで終わってほしくありません。読むたびに、「言霊って素晴らしいなぁ」と感じたり、「どんどん本にある内容を実践していこう」と行動したり、理解を深めたりしていただき、神様とのシンクロ率を高めていってほしいのです。

1回読んで、本棚に飾っておくのではなく、ほんとうに役に立つ「願望を叶えるバイブル」として活用してほしいというのが私の願いです。

そこで……「7回読んでほしい」という願いを込めて、読んだ日付を7回分書ける表をつくりました。ぜひ、読了したらそのたびに日付を入れていってください。

7回読み終わったころには、あなたの世界は明らかに変わっているはずです。

7回繰り返し読み、日常で実践するたびに、奇跡が起こっていきますよ。

7回の読書記録

この本を読み終えた日付とともに、気づきや感想をメモしてみてください。１度読み終えるたびに、人生がどんどん変わっていっているはずです！

回数	読了日	気づきや感想メモ
1		
2		
3		
4		
5		
6		
7		

Special Thanks

本を書く、というのは私にとって初めての体験でした。

不安で怖くて緊張して、「私に本なんて書けるのかな……」と弱気になり、自信をなくしてしまったこともあります。私の大切なお客様にお声がけをして、不安な気持ちを正直に伝えました。すると、「応援しています」「masaさんなら大丈夫です」「私たちがついています」と、私の弱っていたメンタルを支えてくださいました。

今回、その方々とグループをつくり、制作段階から最後の最後までこの試みを応援していただきました。この方々がいなければ本書は生まれませんでした。いつも私を元気づけ、励ましてくれる素晴らしい仲間の方々をご紹介させてください。

ハートサポーターともみん／おかぴー（元豆腐メンタル経済自由人）／魔法の子育て Rie／えな母子キャンプ／タロット占い師　こうじゅ／874／☆キラキラ☆＊幸せゆみちゃん＊／☆りっつ☆／1%er／a.h.r.h／aimia／aqua／Aya／ayakey／Chiemi（大分）／chiharu／chiho／chinatsu／cocco／erin／FORCE／Goto 石垣島あーちゃん／Goto 石垣島ひろくん／Happy／happy888／happy みもたん／hasemmy／Hiroko／irica／junko nakamura／k／katu／kazumi／Kei／KEN（群馬）／KG／kittos 55／kiyo／KIYO りん／Komame／kumim／KUNIE ♪／KUNIKO／Kyoko .W／m.a.n. カオリ／machi／Maiko Suzuki／maki.a／mame／Maminomi／mari ♡長崎／marimary／mari ゆずれもん 1103／masa さん THANK YOU ♡ゆか／masa さんと同じまさ／mayu／mela／mi-5／michiteru・モモ／michiyo ☆／Miho-chan ♪／mina ママ／mirai／mitsurun／Miyabi／miyo／MUSIC ♪らぼ IYO／N(Seek) ♪／Naoko26／nekotama5／nico／nin／NoahSora 愛子／non ★ノン／ohaoha／peachpeaceluckyhappy／pimoR+7／rumy- 愛の光のパイプ役／s.yumi／Sakura koto／sato／Seiko_Hana／shige／Shin／

shincoco ／ shiyan ／ shoji ／ SK まゆみ／ smile.nico ／ smile ミエ／ so ☆ na ／ takezaki ／ tatsu ／ TM88 ／ tmy2525 ／ tomo4488 ／ tonaryo ／ TOSHI ／ tsuiteru39 ／ twintwin ／ wakako.a ／ Y ／ y。 Nakamoto ／ Yae. S ／ Yako.th ／ yaya ／ yoko 太陽と月／ yoshi ／ Yoshie ／ YOSHIMI28 ☆ ／ yossiy ／ you358v ／ yo-yo お妖／ Yuka ／ YukaHanashima ／ yukaimop ／ YUKIE（どさんこ）／ YURIgo3 ／ Yuri-Moon ／ yu-to ／ yu 希／あおいそら／あかりん／あきこ happy またり／あきの／あこまる／あずきちゃん／あっこ(徳島)／あっこ@星のかけら／アパッチ／アプレッションみこ／あやか／あやたん／アヤネン／あゆ（東京）／ありがとう／ありがとうのるー／アル／アルテミス のりじゃん／あろは／アロマナースかい／アンジェ／あんりのちゃん／いづうらかわねこ／いっとく／イマイ／いよかぁんピール／いわさきいづみ／ウーパールーパー／うえたなのは／ウクレレ不動産／うめ子♡／うららママ／えいすけ／えみふるしのみ／えりんこ(言霊)／えん(宇宙)／えんじぇる(A•S)／エンジェルナンバー／エンジェルりえ／おとみか／おはなのあこ／おまめ／おみくん／オリーブ／お気楽カウンセラーのん／お茶屋さん／ガイ／かお／かおる／かずぅクリスマス／かずえ／かずず／かずちゃん Smile ／カズノルナ／かずみ／かつ／かな／からめるバクダン／きこ倫／きとくり／きゃりにゃん／きよぴー／きょんみ／ギンカ♥ラブ＆ピース／クーニー／くろーばー／くろちか／こあらのかずみ／コーイチ(引き寄せの法則＆瞑想)／こぉちゃん 358 ／ここな／こころ♡ハッピー／こじまさくら／コッシー／こぷらちお／こんさや／コントレイル飛行機雲／さあや 0723 ／サイトウラムネ／さくら（in Canada,2021）／サクラSAKU ／ささかなちゃん／ささとも／さち／さとうじゅんや／しおちゃんぺ／しおん／しのぶ／しほん／シュガー／じゅりあん／じゅんでび／ジョアン2 世／ショーン／しょこら／すー／すずきすばる／スピリチュアルカウンセラー 咲耶／スペースラブ／スマイリー三千代／セラピスト：玉樹／セラピスト大山ポジ夫／ソイラテ／たえたえ 810 ／たか／たかさと／たかしの向日／たかだゆうこ／たかぽん／ダッチッチ／たねーさくら／ダヤン／だるますくーる KOBO kanau ／チーム七福神／ちえ＊大阪／ちえちゃん／ちか(和歌山）／ちずこ／ちび子とかおり／ちゅみ／チョコみるく／ちょろまつ／チンパンジー／ついてるちゃん／つばさ／てっしー／てっちゃん／トシちゃん

(埼玉県) ／とちおとめサチコ／とみゆうみ／とも (札幌) ／ともちゃん／ドロシー／とろろ／なえちゃん／ナオ／なお／ナオリー／ながりん／ナッツ／なにわのまき／なほちん／ニカ（広島）／にこちゃん／にじいろ玻璃／にじこ／ニュージンジヤーすがちゃん／のぶ／のりたま／ノリノリハッピーローズ／ノンシャーリー／ハートサポーターかず／バタフライ／はつき／はっぴー／ハッピーうまんちゅ／ハッピーコスモス／ハピネス／ハピネスりか／はぴまる／はまゆう心に寄り添って／ばらちゃん／はりねずみ／はるクロス／はるべた／はるまろ／はるライオン／ピアノ弾きアーニャ／ひかる／ひじりこ／ヒデキ屋／ヒデコ／ひなこやよい／ヒポポ／ひまわりｓ／ぴよぴよこ／ひろみ☆ T.M.C ／ヒロヨシ／ひろりんりん／ぴんのすけ／ぷーこ／プーみき／ふじみ／ふみ（九州）／フラ大好きちー／ぷる＆イブ／ぶるじょあちえ／ふろひつじ／べべめぐみ／ぽじかる／ぽちこ／ポチともぽん／ぽぽぽぽぽ／ボンちゃん／マーブル／マーミ／マィマィ／マインドコーチ YUKO ／まがりちゃん／まこちゃん／まこまこ／マサさん大好きまーちゃん／まさちん／まさのり @ アラ還／まさみかあかん／ましろ／まつたにひでお／まつまつ／まどラッキー／マハロ／ママりん／マミー／まゆこ（幸せのお手伝いをする占い師）／まりっぺ／まりっぺ @ 千葉／まりぴょん／まりりん♡みるくれーぷ／マリリン美保／まりん／まり湖／まる／マルのおんがえし／まんまるふわふわ／みい／みーしゃ／みーたん／みーちゃん／ミーノ／みえ／ミキ／ミキ(東京)／みこ／みこみこご縁に感謝／みさ／みせや／みっちー／みどり／みなこ／みゃーこ 55 ／みやま 55 ／ミュー／みゆき -Moon ／みょうが／みらい（大阪出身）／ミルミルミルク／みわこ／ムーン／ムーン (Rika) ／むぎ／むつみ／メイ／めぐ／めぐにゃ／めてこ／めるも／メロコ 1029 ／モアーズ岡田／もこぷらす／もっちゃん／もも＊ひろみ／もも☆／ももワンちゃん／もんちっち／やさ 3NNSHH ／やすよ 56 ／やま P（三原）／ゆい／ゆう -wa ／ゆうさん／ユージ／ゆうじん／ゆうママ／ゆーみんりふれ／ゆき／ゆき (&sTk) ／ゆきおゆうと／ゆきちゃん／ユタキム／ユッキー 0930 ／ゆっきー／ゆみ／ようこ／よしま／ヨシミ／よしよし／よっくん／よっしー（広島）／よっぴー（ことぶき）／よはりん／らいおんまる／ラッピー／ラムちゃんママ／らんこ（宮城県）／りえいた／リコ／リコより／リッチーのママ／リナ／りな／りょうちゃん／りるこりん／りんりん Ns

／るー／ルナキングはるちゃん／ルンルン／れい／れい姫／わかばちゃん／ワクワクみー／愛．和子／愛と光のがんちゃん／綾波鈴／郁ちゃん／稲富博子／宇宙の力／羽音／栄美子／遠藤由紀子／応援ソングライター yu-ka ／乙女すぎるしおり姫／温泉ソムリエマロちゃん／加寿美／加代ちゃん（広島県）／可愛らしいひろちんちゃん／可奈子／花／花まるコヒロ／花彩森香／花心／華菜／雅 33 ／雅美／館長／喜ばれる世／義人／菊男／吉井恵子（香川・宝塚歌劇ファン）／京京京／京子（KOBE）／銀座瑞兆／空と雲とお月さま／空美子。心理占星術カウンセラー／月うさぎ／浩美(もうちゃん大阪)／香純／剛和 masa-50（大分）／三原ゆかり／三与'／山下サトコ／志津／紫小町／自己肯定感 UP カウンセラーまこと／柴幸潤／秋桜「奈良」／淳子～虹音～／小さな魔法使い sally ／小岩みどりヒーリングアート／小恵／尚美（黒ネコ LOVE）／松はな子／心心／心理カウンセラー KEN ／心理カウンセラーちーちゃん／森カフェ・ゆっぴー／森の熊さん／森野ぴい子／真美子／人生これから代／仁圭／瑞応／政池克子／整体師たけちゃん／正子（マキティー）／正臣（伊豆）／西浜さより／青山 吉美／石垣島のはな／千代ママ（名古屋）／組長 & かこ／苔モモ／大阪のけいちゃん／大山 かおり／大地風花／大林憲弘／谷口奈保子／超強運賢治／土門良徳／島田浩敏／島尾千代美／藤井直子／藤岡文則／藤浪大好き／道草さん／那芙子／日向坂 46 のおひさま／猫屋敷けいこ／農家の嫁／白い月／彦の輔／ 8 ／福島あっちゃん／碧りのめぐみ／豊氣／望月めぐみ／北湯沢奈緒美／魔法使い なおこ／麻砂／枕草子／未来から来たかっちゃん／癒しの猫／由希子 .K ／裕作／夕子アポロ／陽だまりカウンセラー kozy ／里子 (G.East) ／里奈／鈴木 涼／鈴木貴洸／恋愛引き寄せ☆カウンセラーゆき／蓮 みちえ／和子／橙橙／苺／蝸牛家ごん緑♪／宜保まゆみ

謝辞

悩み、迷っていた私に、たくさんの知恵を授けてくださった、斎藤一人さんと小林正観さんに心から感謝しています。

お2人の教えを学び、実践していく中で私は、「言霊の素晴らしさ」を実感し、「人生を豊かにする考え方」を身につけることができました。このお2人の叡智のおかげで、私はどん底の人生から救われることができたのです。いまも、昔も、そしてこれからもずっとお2人から学んだ知恵を、ご縁ある方々に広げていくのが私の使命の1つだと思っております。

そして、本企画を持ってきてくれた編集者の大井智水さんに心から感謝します。私のYouTubeやブログを隅々まで見ていただいたうえで「言霊の本を出しましょう」と情熱を持ってお声掛けいただいたことに、心が動かされました。

そして編集協力していただいた塩尻朋子さん。長年培ってきた経験を身近で学ばせていただき、何度も目から鱗《うろこ》が落ちました。心の底から尊敬しています。

大井さんと塩尻さん、3人で何度も打ち合わせを重ねて「最高の言霊本をお届けしよう」と全力で走ることができました。何も後悔することはありません。まるで文化祭の実行委員のように、誰よりも自分たちが本づくりを楽しめる体験ができました。このかけがえのない体験は、一生忘れられない思い出です。


この1冊の本が出来上がるまで、たくさんの方々が支えてくださっています。デザインや製本をしてくださる方々、営業職の方々、そして書店まで配送してくださる方々。書店でこの本を並べてくださる店員さんがいて、この本を手に取ってくださったあなたがいて……この奇跡のご縁に心から感謝しています。

人は1人で生きているわけではなく、たくさんの人の想いでつながっていることを改めて感じさせてもらっています。


〝私は母親と共に死んでいたかもしれない……〟

「あなたの出産のとき、あまりにも出血がひどくて、私もあなたも命が危なかったのよ。でも、輸血をしてもらって私もあなたも命を救われたのよ！」

そのようなことを、小さいころから母親によく聞かされていました。

もちろん、そのときの記憶は私にはありません。でも、母親からずっと聞かされて育ちました。いまでも電話で話していると、「そういえばあなたの出産のとき、あまりにも出血がひどくて……」と、もう何百回目かのそのセリフを聞かされることがあります。

もちろん、初めて聞いたかのような反応をします（笑）。

……私の命は誰かの血液と善意によって救われた。

この、母親の話が脳裏にこびりついていたので、高校2年生のころから私は献血を行うようになりました。

いまでもそれは続いていて、1年に2回は400㎖の献血をしています。

私の血液が誰かの命をつなげることがあるかもしれません。

献血で救われた私のような命があるように、この心を込めて書いた言霊の本が、誰かの心を安心させ、明日を笑顔で生きるための糧になっていくことを願っています。

PDF特典　言霊ハッピーエピソード集

https://kdq.jp/kamisama

私のもとには、今回の書籍に収録しきれなかった、言霊で奇跡を起こした方の幸運エピソードがまだまだたくさんあります。

ほんとうはできる限りすべて掲載したかったのですが、紙面スペースの関係上、掲載が叶わなかったものもあります。それでも、できる限り多くのエピソードを皆さまと共有できるようにと、PDFにしました。本書を買ってくださった皆さまへの感謝のしるしとして、誰でも無料で閲覧できるようにしています。

上にあるQR画像を読み取り、ぜひご覧になってください。

本書を読んでくださった皆さまに幸せが訪れますように……。

※予告なくサービスを終了することがあります

心理カウンセラーmasa（しんりかうんせらーまさ）
1978年生まれ。心理カウンセラー。沖縄県石垣島在住。母親の介護で苦しんでいた20代の時期に１冊の言霊本と出会い、奇跡的に母親が回復。それからは言霊や潜在意識にまつわる、ありとあらゆる研究に没頭し、自分とお客さまの人生に応用するようになる。「魂と神様のシンクロ率を高める」という独自の理論を構築して、お客さまの人生が驚くほどのミラクルに包まれる奇跡を体感中。5000人以上の方に実施したカウンセリングは、誰にとってもわかりやすく、簡単で効果があると評判を呼び、あっという間に6ヶ月先まで予約が埋まるほどの人気に。

神様《かみさま》とシンクロする方法《ほうほう》
願《ねが》いがどんどん叶《かな》う「奇跡《きせき》の言霊《ことだま》」

2021年10月27日　初版発行

著者／心理《しんり》カウンセラーmasa《まさ》

発行者／青柳　昌行

発行／株式会社KADOKAWA
〒102-8177　東京都千代田区富士見2-13-3
電話　0570-002-301（ナビダイヤル）

印刷所／株式会社暁印刷

●お問い合わせ
https://www.kadokawa.co.jp/（「お問い合わせ」へお進みください）
※内容によっては、お答えできない場合があります。
※サポートは日本国内のみとさせていただきます。
※Japanese text only

定価はカバーに表示してあります。

ISBN 978-4-04-605390-9　C0095